New window 新視野226

恐懼，你好！
百日無懼計畫，從膽小鬼到勇敢做自己，開啟人生無限可能

Hello, Fears: Crush Your Comfort Zone and Become Who You're Meant to Be

蜜雪兒‧波勒（Michelle Poler）著
周玉文 譯

獻給我未來的孩子

★

　　或者，也許我只要將這本書獻給亞當就好，畢竟他才是真正存在的另一半，也是讓我可以將人生當成烤鬆餅，只須翻面就能煎出美好滋味的理由。

★★

　　說到這裡，我想把這本書獻給天底下所有支持女性，並讓女性自己作主的男性。

各界好評

「你絕對能從書中誠實、獨特、鼓舞人心的自我探索之旅，完全感受到蜜雪兒活力四射的正能量。這本強大又實用的指南，將讓你擊垮自我懷疑並解放心中那位勇敢的夢想家。」——約翰・雅各（John Jacobs），服飾品牌「人生真美好」（Life is good）共同創辦人兼創意樂觀長

「蜜雪兒的著作向我們證明，只要勇敢跨出舒適圈，就可以盡其所能地拓展美好人生、展現出最完整的自我，並大膽地對恐懼說：『你好！』這是一本鼓勵勇敢生活的關鍵指南。」——琵耶拉・葛拉蒂（Piera Gerlardi），女性時尚媒體「Refinery29」共同創辦人

「沒有人比蜜雪兒・波勒突破更多自己設下的極限。這場經驗賦予她幫助你打破自我設限的超能力！本書就是你

粉碎自己的舒適圈，並將無限潛能發揮得淋漓盡致的祕密武器。」──安迪・J・比薩（Andy J. Pizza），Podcast 節目《創意信心喊話》（Creative Pep Talk）主持人

「蜜雪兒透過她的幽默與脆弱，向我們展現了將目光放在最好的結果，並成為最真實的自己時，會發生什麼事！」──潔西卡・沃爾許（Jessica Walsh），平面設計商「＆華許」（&Walsh）創辦人兼創意總監；《約會四十天》（40 Days of Dating）實驗活動共同創辦人兼共同作者

名人分享確實能夠為本書帶來畫龍點睛的效果，但讀者回饋才是我最重視的。以下幾則是我們收到最強而有力的粉絲訊息，這些人每天都會看我創作的內容。喔，他們和你我一樣，都是真正的普通人。

「蜜雪兒傳達的訊息是，若想打造深刻難忘的充實人生，懷抱熱情面對讓我們不安的恐懼是不可或缺的，這樣我們才能擁抱人生難以預期的本質所帶來的機遇。倘若你樂於保持現狀，切勿閱讀本書。」──克絲汀·安德森（Kirsten Anderson），頭號玩家

「蜜雪兒是我們所有人都需要的朋友，就是那種敦促你追求夢想、毫無疑問地將自身最美好的特質奉獻給全世界的朋友。真心誠意、令人耳目一新而且是個超級開心果，你終將不由自主地愛上她，還會一再謝謝她提供直截了當的人生智慧，從旁協助你直球對決自身恐懼並放手一搏！這是一本任何想要過圓滿人生的讀者必看之作。」──雅瑤·楚許（Yael Trusch），生活部落格猶太拉丁公主（Jewish Latin princess）創辦人

「發現蜜雪兒實際上是我此生的各種巧合中最有意義的意外收穫。書中內容讓我大開眼界……現在我可以大聲說：生活，你好；恐懼，你好！你得讓本書衝撞你的生活，一如

它影響我的生活。」──安德娜‧布內蒂（Andreina Brunetti），因緣際會愛好者

「蜜雪兒的文字會激勵你為自己的人生建立規則、妥善管理他人的期待，並問問自己究竟想要什麼。你想要從這一生中得到什麼？答案可能令人害怕，也不一定總能隨心所欲，但蜜雪兒會讓你看見，這一切都很值得。」──泰拉‧薇吉絲（Tera Wages），領帶族

「蜜雪兒讓我們親眼見證，一個相信自己的女孩子能發揮多大能耐。她協助我為自己發聲、面對被批評的恐懼並為我的女兒樹立榜樣，也讓我因此成為全世界最幸福的媽媽。」──維吉妮雅‧荷瑞拉（Virginia Herrera），幸福媽媽

前言：你好！

　　我不喜歡寫前言，那種感覺就像是我得割捨所有的優質內容，就只是為了說服你本書值得一讀。我是個說書人，所以不想要無視以下事實：我直球對決一百……拜託！不要逼我說出答案，這樣整本書就毀了。

　　這段話勾起你的好奇心了嗎？

　　太好了。我這就來解惑。不久前，我完成了一項計畫，當作研究品牌打造的碩士論文其中一部分，並期盼自己可以因此變成更勇敢的人。我在一百天內直球對決一百種恐懼。這一招很管用！我真的變得更勇敢，而且這項挑戰也在網路上瘋傳。我正視心中最暗黑的恐懼，好比從飛機上往下跳、獨自在熙來攘往的美國時報廣場起舞、生吞噁心的牡蠣（到現在還是覺得很噁心）。我還鼓舞了幾百萬人有樣學樣。這部分絕對不在我的目標清單上。我其實不是什麼多厲害的人。

　　但是，要說服某人讀我的書、買我的作品？即使到了現在，我還是感到很害怕。我只是從委內瑞拉來的女生，住在紐約，每天都得面臨生活中的各種恐懼，主要是對公開演說的恐懼，因為有人付錢要我一次又一次地面對恐懼。

不過，這正是我的勇於發聲可能對你很重要的原因。這份經歷改變了我的人生，而這本書可能會改變你的人生。

本書不是在探討一場百日計畫，而是回顧我這個什麼都怕的女生，總是**打死不願意**跳脫舒適圈，讓自己成為即使依舊畏首畏尾，卻能重新定義失敗、拒絕、害怕、批評與他人期待等觀念，並從那個出發點開始自我成長。當然，儘管我現在是成年女性，畏首畏尾的天性還在，卻已經學會檢視自己的需求，並依據自己的標準過生活。有時候我還是會害怕嘗試新事物，卻更害怕自己根本連試都不願意試。

你也敢欣然擁抱這種恐懼嗎？

對我、對你而言，本書都算是帶有濃厚的個人色彩。我在書中述說不曾對他人提起的故事，也描述一些超尷尬、超脆弱的往事，而且我有點希望你也願意跟著做。我的意思是＃有來有往！我們越不試圖刻意說出別人想聽的話來自愚愚人，就越能展現真實的自我。本書將幫助你欣然接受這個觀念，並自我演化出最美好的自己。這不就是活著的好處之一嗎？

你大可隨意翻到本書的任何一章開始讀。當我們一路深入各章，我希望你願意花點時間做做書中提示的練習，我也希望你能反思並寫下自己的感想，然後直接運用在生活中。本書不是那種你讀完後會借給別人傳閱的書。才不是！他們大可花時間去找出自己想看的書。本書就是要給你留著當工具書用的。你會想在人生的各個階段回頭翻閱本書，而你也將從中得到不同反饋。恐懼永遠都會如影隨形，而我們只要持續改變對它的

認知，就能持之以恆地幫助自己在人生路上選擇與勇氣和成長並肩同行。本書將會引領你掙脫舒適圈，這一步正是所有神奇魔力開始的起點，你說對吧？

　　我的天啊！這篇前言實在太陳腔濫調了！我超討厭前言的。所以，拜託，我們就此打住吧。你準備好了嗎？我們第一章、第五章或第十章見，或隨便你想從哪一章開始都好！

來抱一個吧，

蜜雪兒

（從 1988 年以來，我就是從做中學）

第一章

生活，你好

從「自動駕駛模式」切換成卯足全力過生活

此刻我站在後臺，身旁是活動經理麗莎，她戴著一副黑色耳機，正對著控制室下達指示。

她一邊輕聲說話，一邊直盯著我看：「戴夫，請放上蜜雪兒的演說稿，並確認音量有調高。」我點點頭並回以笑容，讓她知道我正蓄勢待發，一出場就要超殺的！但是，我內心深處其實怕得要死。我汗如雨下，心臟跳得比緊追著小白兔跑的獵豹還要快。（我剛剛在你腦海中植入了什麼可怕的畫面。）小白兔，對不起。

活動主持人站在舞臺上，開始朗聲讀著介紹我出場的臺詞：「如果你曾經想過，一旦不再恐懼，生活會變成怎樣？」她一邊說著，我也在納悶著答案會是什麼。至少此時此刻我是緊張到快死掉了。「你等等就會知道答案！讓我們歡迎蜜雪兒‧波勒！」

我還站在後臺，祈禱手上的遙控器正常運作，卻聽見了觀眾熱烈的歡呼聲，這些鼓勵再次提醒了我，他們不是我的敵人，他們想要的不是別的，而是我的精彩演講，這樣他們回家後就能與他人分享，這名超棒的演說者沒讓他們白跑一趟。

我提示控制室的戴夫將音量調至熱舞級別，因‧為‧我‧要‧上‧場‧了！

我把音樂調整成開場模式，播放起饒舌歌手洋基老爹的神曲〈難搞〉（Dura）。我可不覺得有什麼好丟臉的。然後我開始熱舞，彷彿正與洋基老爹站在年度 MTV 音樂錄影帶大獎的舞臺上表演似的。但現實中舞臺上只有我一個人，正在對著八千名

女性扭腰擺臀。她們的眼睛全都睜得像銅鈴一樣大，因為沒有人會想到，星期二早上八點竟然有人會這樣開場。

現在，我覺得**超棒的**。雷鬼舞曲是唯一能讓我安心的法寶。我準備好要展現自己的脆弱，與在座女性分享自己克服恐懼的故事，還要鼓勵她們也這麼做。而親眼見證自己的話語能立刻為她們帶來影響，正是讓我認為這麼做很值得的原因。

但是，等等！我並不是生來就如此熱情。且讓我們倒帶回顧四年前的我：

那時候的我，在辛苦工作了一整天後，回到家沖了個澡，並像往常一樣點開 Spotify，開始聽我的播放清單《現在冷靜點》（Cool Now）。當時播放的第一首歌是搖滾樂團共和世代的〈我活過〉（I Lived）。你聽過這首歌嗎？我仔細聽著歌詞，居然開始流淚，其實……是泣不成聲。無論他們在這首歌裡述說著什麼故事，都**遠遠超過**我此生的經歷。我突然意識到自己**沒有活在當下**。嗯，嚴格來說，我已經活了二十五個年頭，但就只是為了生活而活著……唉。這就是我要說的頓悟：「恐懼，你好。」

這一切皆始於二〇一四年，我搬到紐約，進入視覺藝術學院（School of Visual Arts）攻讀品牌打造的碩士學位。第一天上課，品牌行銷大師黛比·米曼（Debbie Millman）就向我們拋出了一個「簡單」的問題：「十年後的今天，你想要在哪裡？」[1]

1　這是黛比·米曼還是學生時，她的恩師米爾頓·葛雷瑟（Milton Glaser）提出的問題。

你曾想過這個問題嗎？對，就是這麼「簡單」的問題。卻是我此生被問過最令人頭皮發麻的問題。

要是你早就問過自己這個問題，你知道的，在試著回答時，你會想要有遠大的夢想……但又不能太遠大！你會想要聽起來滿懷雄心壯志，卻又顯得虛懷若谷。你開始夢想擁有一艘長逾四十五公尺的遊艇，但是過了一段時間，你卻莫名其妙地接受了看起來很不牢靠的獨木舟！你一定不想讓未來的自己失望，眼睜睜看著大計畫化為泡沫，甚至變成大敗筆，從此灰心喪氣，對吧？

所以，我開始寫下半帶雄心壯志的計畫，我覺得它們有可能讓我在未來十年過得幸福快樂：

> 未來十年，我會先在紐約幾家最頂尖的公司任職，然後成為創業家！不管我和老公亞當選定哪一行，我們都會一起創造未來。我們會為了這項事業全球飛透透，我們愛死這種生活了。我還會接受各大企業或各種活動的演說邀約，談論我的成就。最後我們會在曼哈頓買下人生第一套公寓！

我寫完十年計畫之後，黛比要我們找出一個在實現計畫的過程中出現的巨大絆腳石。才短短幾秒鐘，我的思緒就被帶到幾個星期前在浴室哭泣的時刻。當下我才明白，自己一直沒有好好活在當下，全是因為一件事：**恐懼**。

恐懼就是那個極有可能阻止我實現十年計畫的絆腳石。假如我聽到「謝謝，再聯絡」就嚇得半死，那我要如何應徵紐約最頂尖的企業？假如我無法應付各種不確定性，那我要如何成為創業家？假如我聽到廣結人脈、自我推銷就嚇到腿軟，那我要怎樣打造一門欣欣向榮的事業？假如我一開口演說就會牙齒打架，那我要如何在重要會議上發表自己的「成就」？搬來紐約生活的這九個月就過得不太開心了，我們為什麼要在這裡買公寓？我想要實現所有夢想，卻怕得要死。

我意識到**我渴望成功，恐懼卻緊咬著我不放**。

接下來的課堂作業整個顛覆我的人生。

百日計畫

一旦全班同學都想清楚未來十年的粗略架構，也找出可能會阻礙我們施展手腳的巨大絆腳石後，我們就應該採取行動了。我們不再只是站在原地，眼睜睜看著我們的絆腳石毀了我們的未來！就在這個時候，黛比提出了＃百日計畫[2]。

她問：「如果你能做**一件事**，不斷地做，連續一百天。你想做什麼？」

一百天重複做同一件事嗎？這不就是承諾嗎！？找出生活

2　＃百日計畫（#The100DayProject）是由耶魯大學的邁克·比魯特（Michael Bierut）開創的。

中想認真做好的一件事，然後連續做一百天，當成改善做這件事的方式，或是型塑一個更完美的自己。我想到的事情有：

- 感恩一百天
- 愛自己一百天
- 被拒絕一百天
- 充滿正能量一百天
- 寫日記一百天
- 探索冒險一百天
- 冥想一百天
- 攝影或捏陶一百天
- 展現脆弱一百天

但是，最後我選了什麼？面對自己的恐懼一百天。

在一段二十四小時的練習進程中，我從一輩子都在講「不用了，謝謝」變成「好吧……我試試看」。我從被動適應生活變成刻意主動生活，也就是說，我從「自動駕駛模式」切換成卯足全力過生活。

我的目標是成為更勇敢的人。這不單單是為了自己。我想要變成老公亞當的勇敢人妻、未來兒女的勇敢媽媽。

一段簡史

我來自一個僥倖逃過第二次世界大戰死劫的家庭，其中有一半的家族長輩都死在納粹集中營裡。我的外祖父母很幸運可以死裡逃生，並在另一個國家委內瑞拉從零開始過著全新的生活。問題是，他們心上的恐懼永遠不曾遠離。事實上，恐懼根

本就是代代相傳。家母從小被灌輸滿腦子恐懼。我也是。雖然我們的恐懼可能不太一樣，但我們對恐懼都抱持相同態度：要是它偷偷冒出來，那就別再瞎忙了！當我聽到＃百日計畫時，立刻就知道這是我可以打破家族恐懼鏈，重新定義自己未來的大好機會。這部分我將在第十章深入闡述。如果想更進一步了解我的出身，請先翻到最後一章讀完前五頁。之後再回來從這一頁讀下去！

儘管我的家族有這麼一段歷史，此刻你可能會這麼想：一個人怎麼會有一百種恐懼？聽起來根本不切實際。你說對了！在這一趟追尋之旅中，我發現自己沒有一百種恐懼，**我只有七種恐懼**。

七種核心恐懼

我的百日計畫進行到第十五天時，我正緩慢地從公寓走向美容沙龍，我的胃湧上了一股熟悉的感覺，就和計畫第四天要去打耳洞時所經歷的一模一樣。

我越接近美容沙龍，雙腳就越沉重提不起勁。走進美容沙龍沒什麼好怕的，店家本身也不可怕。我已經來這裡修指甲或做頭髮好幾次了。但是，這次不一樣。我要進行自己打從青春期後十三年間避之唯恐不及的服務：巴西式私密處除毛。

我超害怕，不只因為那會痛，而且還尷尬得要命，因為歐嘉會看到……你知道的，就是那裡嘛。

歐嘉就是被指派來為我⋯⋯那裡除毛的俄籍美容師。我問她的第一個問題就是：「你介不介意⋯⋯我在妳幫我⋯⋯下面除毛的過程中，拿 GoPro 自拍⋯⋯？」

對喔，我不僅必須信守承諾，每天都要面對一種恐懼，而且每天都得剪輯一段影片上傳到 YouTube。這一步有時候比面對恐懼本身更恐怖。你試過上傳自己脆弱的那一面到網路空間，並分享給每一名認識的熟人看嗎？試著連續做一百次看看！

那一定是歐嘉這輩子聽過最詭異的問題！不過，老天保佑她，她只是淡定地說了一句我此生永遠忘不了的話：「親愛的，只要妳覺得自在就好！」妳真的會**愛死**她！

歐嘉不僅超專業，更讓我的影片效果變好一萬倍。她覺得我自拍整套過程的點子超好玩，所以決定要入鏡！她不知道這段影片會上傳 YouTube，更不清楚點閱率將會超過五十萬次──我的確應該事先警告她啦。但說真的，在那個當下，我**根本不覺得**會有多少人來看我的影片。

歐嘉對著鏡頭展示綠色瓶身的蠟膏，然後說了幾句鼓勵的話。你可能已經猜到了，整個過程仍然痛到不行。打耳洞也會痛，卻完全沒得比。

不過，你看得出來我的重點在哪裡嗎？蠟膏除毛與穿針打洞不是我真正焦慮的源頭，它們只是同一種恐懼的兩種表達方式：**疼痛**。

我只有
七種恐懼

正如我已經可以在此歸納出類似結論一樣，我開始統整所有挑戰，最後找出七種核心恐懼：

一、疼痛

二、危險

三、尷尬

四、拒絕

五、寂寞

六、控制（或失控）

七、厭惡

透過把我在完成挑戰期間或面對挑戰之前所體會到的各種情感串連起來，這七種核心恐懼變得越來越具體。

我將自己的恐懼分門別類，然後歸納出一些有趣的結論。我注意到，某些特定類別的恐懼讓我感到特別不舒服，這取決於我們的個人特質、過往經歷與成長過程，我們會用自己的方法去處理它們。舉例來說，我發現，某些我最無感的恐懼，卻讓亞當焦慮到不行，但是某些讓我最害怕的恐懼，在他眼裡卻不算什麼。

這帶給了我一個深刻的體會：**恐懼是普遍存在的現象，而且極度個人化**。我們都有自己的舒適圈，也非常清楚它的起點與終點。它就和你的個性或身體一樣，都是獨一無二的存在。某些讓我感到不舒服的任務，可能對你來說只是芝麻小事。舉例來說，寂寞、疼痛、失控會讓我崩潰，亞當卻寧可承受這些恐懼，也不願意面對尷尬或拒絕。

要是你還不太懂我說的這些核心恐懼是什麼，我列出了自己對於每一種恐懼的感受與經歷：

疼痛

我個人的痛點低到不行，我總是竭盡全力避免受罪。「小妹妹，妳這樣的話，以後別想生小孩了！我都還沒碰到妳，妳就已經哭天搶地了！」這句話我一輩子不知道聽多少次了，從醫生診間、髮型師和美甲師的椅子上，到此刻歐嘉的除毛桌上。難怪我到現在還沒有小孩！

我完成的某些挑戰和這種恐懼息息相關：狂嗑地獄辣度的食物、體驗針灸、穿高跟鞋逛紐約市一整天、打耳洞，當然還有此刻你全程目睹的巴西式除毛（我說太多了）。

危險

我的計畫從不涉及公然挑戰死亡，多半是聚焦如何過生活。所以，我試圖避免碰觸可能危及生命的事。不過我完成的某些活動卻像是在挑戰尺度，好比指捏多毛毒蜘蛛和手握蛇身（但不是同時）、從飛機上往下跳（下一次則是改跳懸崖）、和鯊魚一起游泳、近距離接觸蜂巢，還有高居所有危險之冠的挑戰：騎自行車穿梭紐約街頭。你敢否認這不是最危險的事嗎？要是你根本沒試過，就更沒資格辯解了！

尷尬

有些人寧可勇闖蜂群或是與鯊魚一起游泳，也不願意出糗被他人公然取笑。不過我是寧可表演一場單口相聲、在聽眾面前扯開破嗓高歌、旁若無人似地勁歌熱舞，或是深秋時分穿著比基尼在紐約市街頭漫步，也不要承受一丁點任何形式或程度的身體疼痛。尷尬的恐懼與我們適應、歸屬和維持現狀的需求密切相關，它們大幅限制我們的真實本色和個人特質。如果你可以理解這種恐懼，在此獻上七字建議：第三章與第四章。

拒絕

這種恐懼完全是情緒之苦。聽到「不要」是人們最難面對的事情之一。它會讓我們的內心深受打擊，還會讓我們相信**自己不夠好**。無論我們是被心儀的對象、工作、學校、想法或投資人拒絕，那種經驗都會傷到我們的自尊心、降低我們的自信心，所以我們會想盡辦法避免被拒絕。在計畫執行期間，幫助我面對拒絕的行為有：在大街上開口向陌生人討錢、獨自參加拓展人脈網絡的活動、在地鐵站發傳單、向競爭最激烈的企業投履歷、到市場和商家討價還價（我做得超棒），以及上網直球對決酸民大軍。如果面對拒絕與批評是你最恐懼的事，第五章與第八章就是專門寫給你看的。

寂寞

獨處真的是會把我嚇得只剩半條命。我寧可和超級討厭鬼混在一起，也不願意獨處幾個小時。我是說真的！為了面對並體驗獨處到底是什麼滋味，我刻意不帶手機自己去看戲、看電影，甚至還勇闖中國城。我完成與這種恐懼相關的最大挑戰，就是週末期間獨自出門造訪陌生城市，探索每一處角落。雖然有些人很珍惜獨處的時光，甚至認定這段時間是必要的充電期，但我就是很怕。

厭惡

光是想到讓我討厭至極的事情，就已經百分之百脫離我的舒適圈了，我真的是能躲則躲。我可能會感覺噁心到極點的事情，或許在你看來是美味滿分、有趣滿點或是讓人不可自拔。舉例來說，吃生蠔，生吞這種黏糊糊的海洋生物帶來的噁心感真的完全超越我的舒適圈！或是，走進棒球場的廁所。咦？我剛剛是說廁所嗎？我其實是指馬桶。說到馬桶，我曾經幫朋友的寶寶換尿布，真的有夠臭。但我最不喜歡的任務其實是吃昆蟲。沒錯，我吃下脆皮蟋蟀，而且我還是拿筷子夾，不然要怎樣從盤子上拿起撒鹽的昆蟲？你從沒想過對吧？

控制

如果你也是控制狂，請舉手。

你當然不可能舉手！因為控制狂絕對不會刻意在公眾場合舉手。控制是使我們無法活在當下的恐懼，這也是我打算先搞定它的原因。在與其他恐懼正面對決之前，我們必須下定決心要充分地將生命活出色彩。**我們越是想要控制自己的生活，就越無法體驗生活**。

我完成與控制有關的任務，或是更上一層樓，搞定某些與失控有關的任務，包括：在演唱會上被臺下聽眾舉到頭頂傳來傳去、隨機要求路人幫我安排當天的行程、蒙上眼睛走上紐約街頭、騎上機械牛、「變老」，以及成為創業家。

現在，你知道我所說的七大核心恐懼是什麼了。我希望你依據自己的舒適度排出先後順序。從一號排到七號，一號代表「沒問題，我可以搞定」；七號則代表「我寧可去死！下輩子見！」

____ 疼痛   ____ 寂寞

____ 危險   ____ 控制

____ 尷尬   ____ 厭惡

____ 拒絕

此外，還有個東西會像黑影般籠罩在所有恐懼上方：**未知感**。我們會對沒試過的事物感到害怕，就是因為不知道它會帶來什麼結果。這一點與控制重疊（我等一下會談這部分），只不過它的範圍更廣泛，所有恐懼都與它有關。

未知感

我在與恐懼直球對決之前，總是習慣細數一堆自己不喜歡的東西，但事實上我根本沒碰過！一旦我們知道會對什麼事情感到不安，出於過往的經歷，我們馬上就能判斷並定義自己喜不喜歡。舉例來說，我從小就很怕坐雲霄飛車，所以我把它列為第五十五個恐懼。我跑去布魯克林半島上的康尼島，給那座橘色的環狀特快雲霄飛車一次機會，結果……我還是很討厭坐雲霄飛車。現在，我可以說我不全然害怕坐雲霄飛車，就只是不喜歡。

但是，當我指捏多毛毒蜘蛛時，感覺卻恰恰相反。就在這隻動物碰到我手臂的幾秒鐘前，我心想快死了，結果，我不只活得好好的，實際上還挺享受這場體驗，甚至還想帶一隻回家養。雖然我們目前過著想到就做的生活，並不適合養任何寵物，不過如果可以養，我大概會取名叫史斑姬。

我們直球對決自己的恐懼時，舒適圈就會擴大，反之則畫地自限。問題是，**我們的無知每分每秒都在餵養我們的恐懼！**我們若想知道自己是否喜歡某件事，唯一的方法就是親身體

驗。現在，我不是鼓吹絕對必須嘗試每一件事，但若真有什麼事綁住了你人生（比如你一直渴望去做的某件事），而恐懼正是你到現在還不敢放手一搏的理由，那你就得想辦法移除這個障礙。別擔心！我不會立刻抓起一隻多毛毒蜘蛛丟給你！繼續往下讀，慢慢地，本書會讓你明白，未知感其實也沒那麼可怕。

對我來說，恐懼曾經代表壞事即將發生的警報。但現在我發現，恐懼感也可能代表著成長、進步和機會。**我發現，我們越常對全新的體驗說好，就越能敞開心胸迎接其他情感。**驚喜、自由、好奇、脆弱、興奮、信任、連結，都是我以往的人生鮮少體會的情感。過去，我的心中總是充滿恐懼，根本挪不出空間來容納其他情感。

不過，我們若想改變自己看待恐懼的觀點，並容許其他情感進入心中，就得擁抱未知感，即使這麼做代表著放棄掌控感。

興奮

驚喜

連結

我們越常對
全新的體驗

說好

信任

好奇

就越能敞開心胸
迎接其他情感

自由

脆弱

掌控感

　　未知感最令人害怕的地方就是失去掌控感，這是本章後半段我想聚焦的重點。因為它就是讓我無法「活得盡興」的罪魁禍首。

　　你體會過「活得盡興」的滋味嗎？

　　現在我可以大聲說「對」。但二十五歲以前的我從來沒體會過。就連我結婚那天也沒有。不知不覺中，掌控感早已凌駕一切。對我來說，掌控感就是不碰運氣，而且要竭盡全力讓事情按照我想要的樣子發展。我總是得領先一步。這會有什麼問題呢？**總是得領先一步，會讓我們無法享受當下。**

　　要是你在吃午餐時就在想晚餐要吃什麼，那你和我一樣。我們很有可能會在吃著最美味的午餐時，內心卻想著晚餐，所以無法好好享用。然後就像這樣，日子在不知不覺中就過去了。

　　「今年過得好快！」隨著日子一天天過去，我開始越來越常聽到這句話，而且自己也老是掛在嘴上。當我還是個小女孩的時候，生活就像沒有盡頭似的，漫長得讓人覺得恐怖；但自從我踏出校門，這才深刻體會到光陰似箭的道理。你能理解我的感受嗎？如果可以的話，那就把我的話聽進去；要是你大概才十二歲所以聽不懂的話，那就聽清楚了，總有一天，你也會感同身受的（抱歉，我不是要嚇你或什麼的）！

我自己的時間理論

你知道大家都怎麼感嘆歡樂時光飛逝如梭，無聊時光卻是度秒如年嗎？如果時間短暫，當然就是這兩種感覺，但時間拉長的話，根據我個人每天面對恐懼的生活經驗，我慢慢明白，我們的大腦會採取兩種不同的方式儲存記憶：單筆記憶與塊狀記憶。

塊狀記憶：我們的大腦會將許多相似時刻集結在同一個區塊裡，讓它看起來像是「一段」記憶！這種情形最常發生在我們從事固定工作時，因為我們必須日復一日地執行相同或相似的動作。因此，在回顧過往時，我們只會看到兩三個區塊，然後開始納悶：這一年到底是怎麼過的？

單筆記憶：當我們去做不一樣的事，或用不一樣的方式做事時，我們的大腦會將這些時刻分門別類，儲存在獨立的區塊裡，產生各自獨立存在的記憶，並拉長我們對時間的感知。當我們回顧過往，會看到一堆區塊，並且心想：現在才三月？我感覺已經是十月了！

不妨花點時間，試著回想你坐在辦公桌前的時光，或是今天早上刷牙的畫面。

輕而易舉，對吧？

事實證明，當你回想過去時，並不是記起某個特定時段。其實，你是在回憶自己執行這項動作的所有時段。它們都被收進某一段記憶（也就是一個區塊）裡，而且和那段獨立存在的

難忘時刻截然不同！現在，不妨試著回想你人生中某段獨一無二的體驗，好比初吻、為寶寶慶祝一歲生日，再不然就是飛去泰國（或其他令你感到興奮的地方）的時光。你有可能連自己當時穿什麼或想什麼都記得。因為這些記憶都是自成一格地收藏在自己「專屬」的區塊裡！

正如科普雜誌《科學人》引述英國作家與廣播節目主持人克勞蒂亞・哈蒙的研究結果所解釋的：「我們的大腦會將全新的體驗，而非熟悉的經驗，編碼儲存在記憶中，而我們回顧時間的判斷標準，是基於我們在某段時間內創造了多少新的記憶。換句話說，我們在週末創造越多新的記憶，事後回想起來，這段記憶的時間感就越長。」

這就是我們童年時期的感受：我們不斷嘗試新事物與探索生活，所以感覺時間比較長。我們在度假時也經常有這種感受。你是否有過這種經驗：去到一座新城市，感覺好像已經過了十五天，結果其實才三天？我們旅行時的每一天都在探索與嘗試新鮮事，實在很難相信才過了三天而已！

我對於自己從二〇一一年畢業到二〇一四年搬到紐約為止，這幾年的記憶很薄弱。因為它們都被收藏在塊狀記憶裡面了：我在辦公室、我和亞當在公寓、我一邊開車從 A 地到 B 地一邊放聲高歌、我逗小姪女玩、我每次都和朋友去同一家餐廳吃晚餐。我只用短短兩、三行敘述就能總結那三年時光，真是有點遺憾。當然，在這些塊狀記憶裡偶爾還是會有一些獨立存在的單筆記憶，好比我的年度旅行、我們的結婚紀念日、第一

個小姪女出生的那晚等等。不過總體來說，這就是那三年來我每天從早到晚的生活模式，日子也就這樣飛快地過去了。

我是在搬到紐約以後才真正開始過生活的。

我開始發現一個嶄新的世界，到處都是陌生的人群與數不清的體驗。大馬路上總是會發生許多新奇古怪或引人入勝的新鮮事，而我甚至開始發掘全新的自我感。我越來越常出現那天在浴室閃現的頓悟時刻，也感覺日子開始再次和我小時候一樣長。我在紐約生活的一個月，感覺好像有一年那麼長，正是因為我累積了許多單筆記憶。

生活究竟是較為長久充實，還是在眼前轉瞬即逝，完全取決於我們自己。這全與我們在日常生活中的每一次刻意為之，還有放棄掌控感以沉浸於各種體驗，讓自己在地球上的每分每秒更深刻、更充實、更值得息息相關。

我們越常開啟自動駕駛模式，把自己關在舒適圈裡，人生就會飛逝得越快。你若想減速，唯一最可行的做法，就是刻意製造令我們此生難忘的喜悅時刻。你可以為自己或他人創造這樣的時刻。

要是你可以改變一成不變的生活，情況會怎樣呢？或者更棒的，要是做不到每天，把每個星期做點不一樣的事變成日常的一部分，結果會如何？舉例來說，要是你不再每天中午都和同一群人去同一家餐廳吃飯，而是決定加入你幾乎沒相處過的另一群人，情況會怎樣？要是你去學校接兒女回家途中稍微做點改變，放手讓他們建議改去某個意想不到、令人感到興奮的

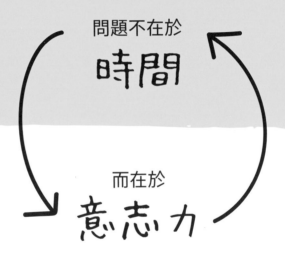

地方，而非直接送去每天報到的下一站，結果會如何？要是你可以為一名這個星期才剛實現一項重大目標的朋友舉辦一場驚喜慶功宴，結果會如何？或是為自己和伴侶規劃一趟晚鳥最後優惠的旅程，而不是像平常一樣枯等對方主動做這件事，結果會如何？

　　我完全知道此刻的你在想什麼：「誰有空搞這些啊？我很忙好嗎！」我有讀心術嗎？有！──好啦，其實我沒有，我只是強烈地意識到所有人都得承受的壓力。不過無論如何，我的答案是：**問題不在於時間，而在於意志力**。我們都一樣，每天只有二十四小時，但某些人就是有辦法比其他人完成更多事。所以這是我的要求：別再把時間當成藉口，開始「刻意」製造此生難忘的單筆記憶吧！

　　規劃（以及為規劃煩惱）這種事，其實是次要的，我們的首要任務應該是擁有讓自己沉浸並充分享受各種體驗的能力──這對幾年前的我來說，根本就是不可能的任務。我的意思是，既然人生只有一次，不妨好好享受活著的時光。

人生只有一次

請聽清楚我接下來說的話：**生命終有時**，而以下七件事[3]一直幫助我活在當下。

一、走出你的舒適圈

當我們規劃自覺舒適且高度重複的體驗時，它們很可能會：（一）無法製造令人難以忘懷的記憶；（二）在這段過程中你很容易就會冷卻下來。不過，如果我們規劃從未嘗試的新鮮事，儘管過程中可能會感到不舒服，但我敢打包票：（一）你將會有獨一無二的體驗；（二）這正是執行百日計畫期間發生在我身上的事情。前一天我才在紐約偏北幾處懸岩峭壁練習垂降技巧，隔一天我就去學習駕駛飛機，再過一天我踏進紐約第六大道中段的舞蹈教室，生平第一次指導一百名學員跳 Zumba 舞。我全心投入每一個當下，把全副注意力用在當天發生的活動，無暇顧及下一場挑戰，也完全忘了前一天的任務。

二、專注過程，忘記目標

我一向就很難慶祝自己的成就。對我來說，生活不是核對

---

3 我可能對七這個數字有特殊感應，但也可能是我想太多。

待辦清單，而是達成清單上目標的過程。其實，我認為在清單上打勾是最糟糕的部分，因為那代表體驗結束了。我或許不慶祝自己的成就，但會慶祝日常點滴。

比方說，每次我和亞當出去玩，都會設定當日目標：參觀博物館、逛市場、品嘗好吃的午餐、與天際線合影、騎腳踏車閒逛、去看表演……我們會在太陽下山前完成所有行程。

對此，亞當的作風是：我們搭公車去吧！我研究過，這是去博物館最快的方式。

我則是：我們走路去吧！這樣的話，我們可以每走五步就停下來拍照、和當地人互動、逛逛小店、買些當地土產、試試街頭小吃，還可以搭嘟嘟車等等。要是做完這些事太陽還沒下山，我們可以去博物館！

或許這就是我們這麼合拍的原因——畢竟大家都說，不是冤家不聚頭。我不是說我的方法才是對的，真的，我完全不是這個意思，儘管絕大多數時候，亞當會謝謝我鼓勵他欣賞路途中的小事，讓他發現：**原來目的地只是起身漫步的藉口。**

這種貼近生活的做法不僅旅行期間適用，也可以將這種心態運用在工作或求學過程。要是我們在完成某項工作的過程中，也試著讓自己樂在其中，而非交差了事，結果會如何？要是我們那麼做，會多享受人生？有個方法能夠改變看待事物的觀點，並讓我們對「必辦事項」更加心懷感恩，那就是改寫任務內容，從「必辦事項」變成「想辦事項」、「選辦事項」或「很幸運能辦事項」，例如：

「我必須通勤上班」→「我很幸運能通勤上班」

「我必須幫小孩完成科展作品」→「我想幫小孩完成科展作品」

「我必須規劃伴侶的生日活動」→「我選擇規劃伴侶的生日活動」

將必辦事項套入感恩的句子當中，會幫助我們珍惜已經擁有的，並在行動中找到樂趣，而不是因為害怕行動而隨便應付過去。

三、珍惜這次機會，好似這是最後一次

「蜜雪兒，到底什麼才是你最大的恐懼？」

隨著計畫步入尾聲，我越來越常被這麼問。老實說，我最大的恐懼就是失去心愛的人，然後還得把日子繼續過下去──要公開分享這件事真的需要勇氣。為了直球對決這種恐懼，我決定認真地寫一封信給我父母。這個想法不只是想表達我有多麼感謝他們，也想讓他們知道，我願意改變彼此的關係，並與他們共度最美好的時光。

這封信確實改變了我與父母的關係，我到現在都不敢相信它居然帶來了長遠的影響。我父親原本不太擅長用言語表達情感，如今竟然變成最有愛的父親，遠超乎我的期待；我母親原本是個很焦慮的人，對我的態度也明顯變得開朗多了。

假設你知道今天是你這輩子的最後一天,也是你最後一次體驗自己所熟悉的生活,你會如何享受每分每秒、每通電話、每杯咖啡、每次人際互動、每句讚美、每個笑容、每個享受當下的機會?我知道,這種觀點很奇怪、很恐怖,也很老派。但是,我們真的不知道什麼時候會是生命的最後一天,什麼時候將是我們與愛人相處的最後一天,我們明明可以從現在起珍惜每分每秒,為什麼非要等到最後一刻?這種心態讓我更活在當下,也更感謝每個瞬間,而不是執著於規劃或控制即將到來的時刻。

四、不要低估時間

時間是我們擁有最珍貴也最容易被忽略的東西。如果有一天,但願老天不讓這種事情發生,你的錢不見了。只要你夠認真工作,是很有可能把錢賺回來,甚至比原本更有錢的。但是,沒有任何方法可以找回浪費掉的時間。因此,為了充分活在當下,我很重視時間,才不要隨便送人!

對送上門的機會說「當!然!好!啊!」和對某件似乎——好像——有點——想做的事情遲疑地說「好吧」是不一樣的。要是你把時間都花在「有點想做」的事情上,你的人生就會飛快地消失在眼前。不妨挑戰一下自我,去找出那些會讓你大喊「當!然!好!啊!」的人、事物、活動,並刻意為這些事情挪出大把時間。

五、規劃盡情體驗

　　還記得我提過，我在婚禮當天其實不太盡興這件事嗎？事情是這樣的，雖然整個婚禮與宴會都如期進行，我還是企圖控制每一個環節，完全無法放任自己好好體驗。除非你的工作是活動策劃，否則我的忠告是，在活動開始「之前」盡力而為就好，這樣一來，當重要時刻來臨，你才能真正投入其中。所以，下次當你規劃和朋友聚聚、發表工作簡報或是兒子的生日時，別再拚命地從頭到尾掌控全場了，**把「盡情體驗」也規劃進去吧**。

六、先活在當下，再動手記錄

　　如果你和我一樣是分享狂，請聽好了！我真心相信我們可以同時做好幾件事，但**分享瞬間**與**活在當下**完全是兩回事。我要說的是，我們在社群媒體上分享時，經常把心思都放在給予某個不在你身旁的人某種體驗。因此，你是在浪費有限的時間，向他人展示他們錯過的事。為什麼要過這種人在心不在的生活？你大可之後再完整地分享。我每次直播分享自己的體驗，事後都後悔莫及。因為：（一）到頭來我總會錯過某些部分，滿頭問號想著「等一下，剛才發生了什麼事？」；（二）我匆忙地發文，結果不是出錯，就是沒有忠實地說出故事的全貌。

　　有一次我飛去拉斯維加斯參加火星人布魯諾的演唱會，我

們在進場前被要求交出手機，大家別無選擇，只能把它們丟進小布袋裡。你遇過這種事嗎？

老實說，剛開始我快氣炸了。不過，布魯諾一出場就點出了大家沒說出口的不滿。他說：「我知道你們一定很不爽我沒收你們的手機，抱歉啦！不讓演唱會外流不是我的作風。我這麼做，是要你們和我一起**痛快地度過**接下來的幾個小時。我要你們和我一起又唱又跳，和我一樣活在當下，而不是顧著用手機把這個經驗分享給那些宅在家的人。好嗎？讓我們開始吧！」

我可以非常肯定地說，正因如此，那是我參加過最棒的演唱會！火星人布魯諾，真的太感謝你了。

七、如入無人之境一般做自己熱愛的事

你是否曾陷入這樣的處境：因為別人覺得你可能是某種人（儘管你明明就不是），你只好假裝自己真的是那種人？結果，因為把別人的反應看得比做自己更重要，你感覺自己快累死了。

我想要告訴你，生平第一次做自己，而且一個人徹頭徹尾地享受活在當下是什麼感覺！

那是百日計畫的第四十九天，某個畢業多年都沒聯絡的大學朋友突然寄來一封電子郵件：

哈囉，蜜雪兒！我人在紐約，而且會住一晚。我追蹤妳的計畫好一陣子了，現在我想向妳下戰帖：今晚過

來時報廣場，在所有人面前跳舞。我可能會下場與你共舞！

當時我想，「有何不可呢？」

於是我下載了一首節奏強烈、旋律非常酷炫的曲子，並出發去曼哈頓區最受遊客喜愛的時報廣場。我的大學同學兼登山愛好者克里斯・布林里（Chris Brinlee）就站在 M&M's 巧克力世界門口等我，準備欣賞我的熱舞表演。我戴上耳機，將音樂放得超大聲，然後像在家裡對著鏡子熱舞那樣（我很常這麼做）跳了起來。剛開始，我覺得快丟臉死了，因為圍觀群眾都用那種我大概是失心瘋了的眼神盯著我看，克里斯還站在旁邊竊笑，看得很開心。所以我繼續跳，假裝根本沒有人在看，想像自己站在個人音樂錄影帶正中央的位置。大概一分鐘後，我開始真心享受音樂、情緒和夜晚的氛圍。接下來，周圍的人也跟著我跳起了舞來！

對此，克里斯感到難以置信，也拋開他無謂的恐懼和我們一起跳舞！不知不覺，這場即興演出變成時報廣場上的露天派對，就連蜘蛛人和《芝麻街》的艾蒙也相繼加入了！（他們的舞步和我的雷鬼動配合得天衣無縫，如果他們的真面目是委內瑞拉或波多黎各人，我一點也不意外。）

我沒發現曲子早就結束了，我們繼續跳了彷彿好幾個小時，但其實可能根本不到十分鐘。最後，我感覺身心得到釋放，從來沒有那麼快樂過。我甚至對自己說：這就是所謂「活

得盡興精彩」的感覺。

那天我意識到，正是因為我甩開了尷尬，也決定不管別人怎麼看待自己，我才能體會這種前所未有的感受。我發現，**想要活得盡興，我們必須去做自己熱愛的事，別管有沒有人在看**。只有當我們忘記別人的目光和評價，我們才能懷抱愛與熱情去做想做的事；我們不僅會因此做得更出色，也會更享受當下。

我不是要你挑戰在你居住的城市交通最繁忙、遊客最多的黃金地段勁歌熱舞。你最喜歡做什麼事？若你能放手去做這件事，管他有沒有人在看或指指點點，結果會怎樣？你擅長運動還是玩樂器？你喜歡表演、跳舞還是唱歌？還是繪畫？烹飪？寫作？無論是什麼，請試著全心投入這件事，別管其他人怎麼看。這大概需要鼓起很大的勇氣，但最終的滿足感極有可能讓你覺得自己真正活過。

這七項技巧幫助我更活在當下。最重要的是，**我敢說我活過**。我很期待你讀過這本書以後，也能說**你活過**。想要實現這一點，你必須主動放下控制欲，踏上只屬於你的旅程，它將帶你直球對決未知感，展開更加充實的生活。

去做熱愛的事，

別管其他人怎麼看！

第一章　懶／人／包

請造訪網站 hellofearsbook.com。你會發現本章最吸睛活動。

→ 聽聽共和世代的〈我活過〉（對了，不一定要在洗澡時聽）。

→ 看看我最初的十年計畫，以及當初那封關於人生絆腳石的信。

→ 觀看我父親摯友去世那天，我拍攝的關於享受人生的影片日記
　（Vlog）。

→ 檢視我的「一百個恐懼」清單，還有我決定挑戰的百日計畫。

→ 觀看我為時間理論製作的短片。

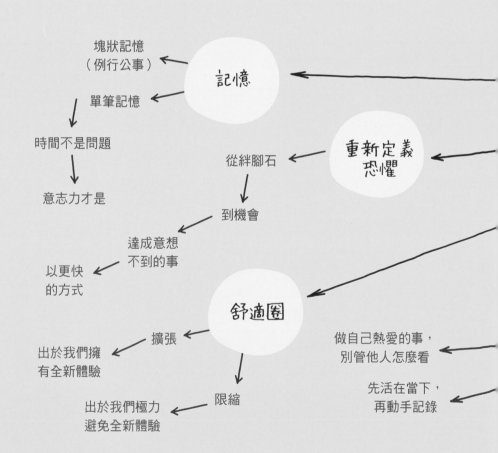

塊狀記憶
（例行公事）

記憶

單筆記憶

時間不是問題

重新定義
恐懼

從絆腳石

意志力才是

到機會

達成意想
不到的事

以更快
的方式

舒適圈

擴張

做自己熱愛的事，
別管他人怎麼看

出於我們擁
有全新體驗

先活在當下，
再動手記錄

出於我們極力
避免全新體驗

限縮

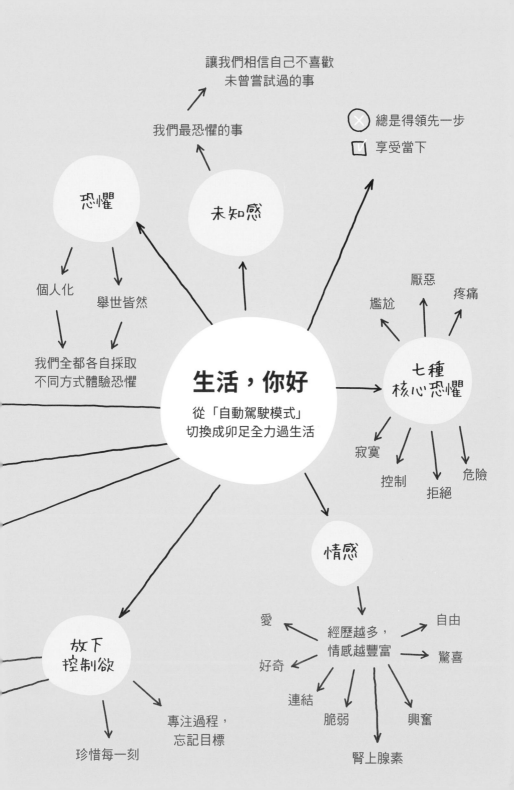

第二章

天不怕地不怕
勇氣，你好

如何正面積極地影響他人？

那是百日計畫的第九十五天（應該不難看出我有多想逃避這個恐懼）。我租了一輛車，一路向北開了大約兩小時，到達一座超好玩的水上樂園。我的目標是直球對決自己過去二十六年來避之唯恐不及的恐懼：懸崖跳水。

　　我們到了公園，發現放眼望去人山人海。喔，這個季節樂園只對外開放到今天，難怪，我簡直太天真了。好喔，我帶了一套泳衣、三臺 GoPro 以及一袋勇氣。我還帶了亞當與好友提多。我的計畫是，提多會在下面捕捉我掉進水裡的瞬間，亞當則在懸崖上記錄我往下跳的畫面。

　　我此生對跳水、懸崖跳水或雲霄飛車總是能躲多遠就多遠，更別提要我開始挑戰高空彈跳或機上跳傘（後來我都做了）。有人會討厭玩自由落體時自己的胃空蕩蕩的感覺嗎？對，就是我！

　　但是，為了完成百日計畫，我說過要直球對決**所有**曾經讓我逃避不面對的恐懼，對吧？這一個當然也得達標。

　　亞當和我爬上懸崖排隊，等著輪到我跳。提多已經在水中就定位，就在懸崖正下方，準備拍下精彩畫面。三十分鐘後，我後面是一群小朋友，前方則是高約八公尺的懸崖。終於輪到我了。

　　「小姐，不好意思，妳要不要跳？」

　　我的不乾脆搞得救生員滿臉挫折。我的年紀幾乎是後面那群小朋友的三倍，他們都等不及想衝過來、跳下去、濺出大水花；而我，卻整個人害怕得僵在原地，我不斷地要求雙腳往前

跳，但它們就是不肯聽我的。

你經歷過這種害怕到全身動彈不得的體驗嗎？就好像你想要跨出一步，而且你百分之百確定這就是你該做的，但身體就是莫名不聽使喚。

說到這裡，我想起了當年在廣告業工作的日子。有一次，我知道是時候向老闆提加薪了。我記得當時他在辦公室裡，沒在做什麼重要工作，種種跡象都暗示我：「**蜜雪兒，快上！快點！**」不過我就是怕得要死，無論如何都無法移動到他的辦公室……或是離開這愚蠢的懸崖！

我決定讓後面的小孩先跳。我需要更多時間，或者是更多勇氣。不過，感到折磨的人不只有我：隨著時間一分一秒過去，提多的皮膚變得皺巴巴，彷彿已泡在浴缸裡超過五首歌的時間。他大概很後悔自己曾以為和我一起直球對決恐懼會是個好玩的經驗。

我轉身對亞當說我們該離開了。我的意思是，我都成功面對九十四種恐懼了，搞不定這一種也沒關係吧。你想想看，我大可以說「我有直球對決自己應付不來的某種恐懼」，對吧？「拜託，請說『對』。」我心裡這麼想著。

「蜜雪兒，我們沒有要離開喔！這家水上樂園還有三小時才關門。妳就跳吧，拜託啦，不然實在有點丟臉。」

救生員聽到我們的對話，也跟著說：「對嘛，就連小朋友們都敢跳下去！」

就連小朋友們都敢跳下去？這句話是在鼓勵我嗎？這些孩

子是還小沒錯，但是，親眼目睹他們大膽地跳下懸崖，根本無法對我起任何作用。

就在那一刻，有個看起來大概十二歲的小女孩躡手躡腳地走到懸崖邊，想要看看究竟離地面多遠。她一個人站在那裡，身體微微發抖，看得出來她猶豫了。於是我向她投以「我懂妳」的眼神（就是當你看到有人在相同處境時的那種），我們都害怕到腿軟，完全拒絕接受即將發生的事。我心裡狂謝老天爺，我不是水上樂園裡唯一的膽小鬼！我們應該成為此生最要好的朋友，然後相約去吃蛋糕，或是去做任何比跳水更安全的事！

但是，幾秒鐘過後，小女孩再度走到懸崖邊，先是往下看，然後閉上雙眼，在我還沒反應過來之前，縱身往下跳！有沒有搞錯？

她的勇氣正是我面對恐懼時所需要的。要是她都能辦到，憑什麼我不行？所以我告訴提多開始準備。

我開始讀秒。

一……

二……

我重新走到懸崖邊。

三……

哈囉，那個小女孩都熬過來了喔！

四……（有時就是需要多數一秒）

救生員再次對我翻白眼。

然後──我・跳・了。

我喜歡嗎？不喜歡。

那會痛嗎？簡直痛死了。往下墜落的過程感覺超漫長，所以當我還在半空中時，我莫名以為自己溺水了，於是出現了一個白癡念頭，我張開雙腿在空中「游泳」，然後……水花四濺！哎呀！

我後悔嗎？怎麼可能！那一天，我學到了珍貴的一課，它與領導力有關，也決定了我要如何把自己的個人計畫延伸為一場行動與一份志業。那一天，我也學到了「天不怕地不怕」與「勇敢」之間的重要區別。歡迎進入第二章。

天不怕地不怕 v.s. 勇敢

天不怕地不怕（形容詞）
（ㄊㄧㄢ ㄅㄨˋ ㄆㄚˋ
ㄉㄧˋ ㄅㄨˋ ㄆㄚˋ）
毫無恐懼

勇敢（形容詞）
（ㄩㄥˇ ㄍㄢˇ）
展現勇氣

「我那位天不怕地不怕的朋友來了！」現在我已經很習慣聽到這句話了。在我挑戰完一百種恐懼後，大家馬上理所當然地以為我**天不怕地不怕**。但是每次聽到這句話，我總是會帶著微笑（精確來說，是皮笑肉不笑）並不著痕跡地切換話題。不過，我會默默想起所有挑戰過的恐懼，也記得自己幾年前完成一百項挑戰有多艱辛。我會搖搖頭，內心想著「要是他們知道我有多害怕就好了」。

我們既非天不怕地不怕，也非什麼都怕。恐懼是人類的天性，並且因人而異。有些人因為害怕孤軍奮戰與漂泊不定而尋找全職工作，其他人則害怕被職場、老闆、行程和薪水綁住而逃離；有些人超愛貓，其他人會嚴重過敏。

有些恐懼的出現，僅僅是為了保護我們。舉例來說，害怕意外懷孕是在提醒我們，應該謹慎看待性行為；害怕出糗是想提醒我們，寄出重要的電郵之前再三檢查有沒有錯字；害怕生病則是提醒我們，流感時期記得補充維他命。這些都讓我們能夠平安正常地過生活。

恐懼也可以是非常個人的。最近，我發現身旁有些人從不認為我是膽小鬼，在他們眼中我其實是「勇敢的女孩」。後來我才知道，讓我注意到這件事的兩位朋友都有輕微的社交恐懼症，而我向來是喜歡社交的人。因為我自認是膽小青年，所以實在搞不懂為什麼比較熟的朋友會覺得我很勇敢。

另一方面，我認為我的摯友超級勇敢。為了追尋自我，她主動和前夫離婚，獨自踏上環歐旅程。對我來說，獨自旅行這

件事就夠恐怖了，更別提離婚！但是對她來說，這才叫解放自我。勇氣是相對的！

每次只要有人用「天不怕地不怕」來形容我，都會讓我感到失望。這不只是因為我心知肚明自己與這幾個字不相符，更因為我覺得**我的勇氣被低估了**。我從懸崖往下跳、辭掉工作或在計畫的第一百天登上 TEDx Talk，我並不是什麼都不怕。我說，那叫**勇敢**。

不知道為什麼，人們經常把「天不怕地不怕」與「勇敢」搞混，而且好像更喜歡「天不怕地不怕」。或許是這樣比較酷吧。有時候我也希望自己什麼都不怕，這樣我的人生就不會那麼複雜，也比較不會胃痛。可是說到底，「天不怕地不怕」只是空泛的話語，代表你並不害怕自己正在做的事情。

勇敢就是即使心懷恐懼，
還是鼓起勇氣採取行動，
這遠比天不怕地不怕
更強而有力、更激勵人心。

練習

　　你思考過自己在生活中哪些方面表現得**天不怕地不怕**？哪些方面使你**恐懼不安**？哪些方面自認很**勇敢**嗎？請分別將答案寫在下面的表格裡。

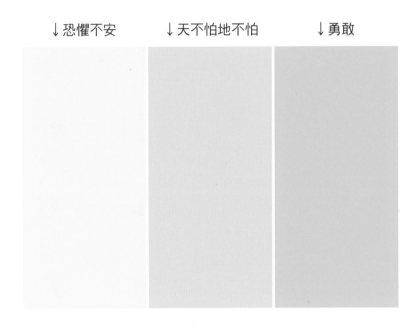

↓恐懼不安　　　　↓天不怕地不怕　　　　↓勇敢

　　填入答案後，我想請你找兩個很熟的朋友幫你回答上述問題。問問他們覺得你在生活中哪些方面表現得天不怕地不怕、恐懼不安、勇敢。就像我朋友都說我在社交方面很勇敢，你的好友、恩師或家人可能也會丟出意想不到的看法。

當你讀完本書，恐懼不安那格看起來應該會有所不同，當然嘍，那需要你主動去實踐。如果你在幾年前要求我直球對決自己的恐懼，我會告訴你：我・完・全・沒・興・趣。其實，在我成長的過程中，女生在公眾場合表現出恐懼不安沒關係；但是男生……則被期待要堅強、剛毅、勇敢。

謝天謝地，我只是女人

在成長的過程中，我所做的每個決定都脫離不了恐懼。舉例來說，我會日漸疏遠家裡養著大狗的朋友，反而與養小金魚、小烏龜的朋友越走越近。好啦，不瞞你說，我的祕密守則是「不要有寵物」，而這還只是小事。恐懼幾乎主宰我生活中的每一件事，從打算穿什麼、吃什麼到去哪裡。我總是在想，假如我是男生，一定會因此被霸凌。感謝老天爺，我是女生！

但是，你知道女生和男生害怕的程度其實差不多嗎？只不過，出於「女生是弱者」這先入為主的假設，社會向來容許女生公然表現出恐懼不安，並期待男生隱藏那一面。因此，我從來不須掩飾自己什麼都怕的事實。我不但從沒試著打破社會成見，還把它當成完美的藉口，去逃避種種讓我不舒服的情境。

我意識到**自己既是膽小鬼，還是性別歧視者**，把這種心態當作保護自己不受世界影響的防護罩。

幸好，情況正在改變，很快就不會有任何女孩帶著這種心

態長大了。現在的女權運動正在讓女孩們變得堅強、自豪與勇敢。現在,各種廣告打出的口號,例如寶僑旗下衛生棉品牌的「＃像個女孩一樣」(#LikeAGirl),或是安德瑪的「我要故我是」(I Will What I Want)等等,都在強調女孩不軟弱、不嬌弱、不完美——女孩和男孩一樣強大。

但是身為女性,我們不能光靠這些廣告來參與這場運動。我們有責任要求平權,也要像男性被期待的那樣堅韌、堅強、勇敢、充滿行動力。

現在,身為女性意味著我得證明父權體制不對,得給予其他女性成功的機會,還得透過行動以身作則。身為女性不是待在舒適圈的藉口,反而是擺脫它的理由。

我現在害怕的是,許多年前社會告訴男孩子要天不怕地不怕——結果造成男性壓抑自身情感與脆弱——近來的某些訊息也對女孩子提出了相同的要求。

你知道美國華爾街上多了一尊「大無畏女孩」雕像嗎?她就矗立在舉世聞名的公牛雕像前。超棒的,這真是歡慶國際婦女節,同時傳遞賦權女性的最佳倡議。但是,為什麼硬要給她冠上「大無畏」的封號?難道是要表明她不怕迎戰這頭龐大、象徵意義強大的公牛嗎?還是在暗示她其實害怕得要命,但還是得硬著頭皮上場?

我的意思是,想想那名站在懸崖邊、閉上雙眼就往下跳的小女孩,難道她是天不怕地不怕嗎?才不是!她是超級勇敢,我就是被這點所鼓舞去行動的。

她沒有推我，沒有警告我不跳會怎樣，也沒有悄悄地對我說她在 Pinterest 上發現的勵志短語，更沒有保證結束後會帶我去逛街；她就只是跳了下去。

那名小女孩用行動以身作則，以自身的勇氣影響我的作為。

影響者

前幾天，我和朋友共進晚餐，我提到自己現在是個影響者（Influencer）這件事。那個當下，某個好友說我不能自稱是影響者，她不覺得這樣做是「對的」。有沒有搞錯？難道承認某人是影響者是錯的嗎？為什麼要有那麼多禁忌？

影響者指的不一定是 Instagram 網紅，而是無論在線上或線下**都有能力正面影響他人作為或言論的人！**

我不是天生的影響者，但從非常年輕時（在那個年代，社群媒體都還沒崛起）就決定分享自己的知識、想法與點子，當成某種提升自我價值與正面影響周遭友人的方式。如果你也是那種很喜歡與他人分享自己的工具、絕招、知識、觀點與行事方式的人，而且別人也樂於採納你的忠告，你就是一位影響者。

舉例來說，每次我外出旅行，莫琳（好啦，就是剛剛提到的那位好友）總會告訴我該去哪裡玩與該做點什麼事，而我都會聽取她的意見。我哥哥丹尼爾是電影導演，經常和我分享他剪輯趣味影片的新穎技巧，我都聽得津津有味。我阿姨多莉絲

老愛分享自己蒐集的養生術，我也永遠洗耳恭聽！這些人不僅影響我的日常生活，而且讓我過得更好。事實上，他們影響我的程度遠大於社群媒體的意見領袖。這就是我所謂的**日常領導力**。每當談到影響你關心的小圈子或是生活中各個大圈子，其實不必掛上某種特定封號、獎項或刻意營造一票追隨者。但遺憾的是，不是人人都樂意主動分享自己的知識。有些人不太相信自己的價值，他們會預設立場，認為所有人都知道天下事，而他們的想法根本稱不上原創。

有件事我得鄭重告訴你：**這・個・世・界・需・要・你・的・價・值**。它有比較不完美嗎？更好的問法是，它幫助過你嗎？如果答案是肯定的，那它也能幫助其他人。它是陳腔濫調還是已經廣為流傳了嗎？麻煩你翻到第四章，學習如何把它變成你的資產。真相是，你或許不是萬事通，但是我敢打賭，你一定想得出三位可以從你的做法獲益良多的對象。要是真有這樣三個人，三百人也就不成問題了。不過，你想知道實情是否如此，唯一做法就是提出想法、相信自身價值，而且心中要懷抱最良善的意圖。

這就是為什麼影響者都是非常勇敢的領導者。我希望所有看完本書的人，也能認為自己是這樣的人。如果你是人父或人母，就有能力正面影響兒女；如果你有朋友、兄弟姊妹、堂表兄弟姊妹、同學、隊友、父母、員工、伴侶等等，你也有能力做到一樣的事。

那麼，關鍵是什麼？不隱藏自己的恐懼，也不要假裝自己

天不怕地不怕。當你展現真實的感受和情感時，就是在展現真實的自己。真實做自己才會讓你與他人搭起建立關係的橋梁，顯得更平易近人。這就是展現勇氣其實比假裝天不怕地不怕更強而有力的原因。這就是脆弱的真諦，也是我個人的超能力。

「沒有恐懼就不會有勇氣。」
——奇幻文學《龍騎士 首部曲：飛龍聖戰》

前幾天，有一名媽媽迎面而來，向我介紹她的七歲兒子，順便提起他對要在全校師生面前公開演出感到很恐懼不安。她還告訴我，看到兒子在演出前幾分鐘打退堂鼓時，自己有多失望。於是我問她：「妳兒子最近一次親眼看到妳直球對決恐懼是什麼時候？」一個星期後，她寄了一封電郵給我，讓我知道那天我們巧遇之後，她便刻意帶著兒子去捐血。那個兒子知道媽媽有多害怕針頭，卻當著他的面讓他見證，她願意為了做善事面對恐懼。之後那一週，那個兒子鼓起勇氣在全校師生面前演出，讓媽媽與自己感到自豪。

你可以鼓勵他人要勇敢、面對自身的恐懼並選擇成長；你甚至可以試著給對方來段浮誇的打氣。但是真正可以敦促對方反思自身行為、思考採取行動之可能性的唯一方法，就是讓他們親眼目睹你直球對決自己的恐懼。當你即使感到不舒服，仍然選擇敞開心胸面對挑戰時，你一定會看到周圍的人跟著有樣學樣。這就是我寫這本書的原因——引導你踏上一段充滿脆

弱、勇氣與喜悅的旅程，最終蛻變為領導者。

引領一場行動

　　大多數人認為，若想成為優秀的領導者就必須天不怕地不怕。實際上，無畏無懼的領導力現在正是熱門議題。這段時間以來，企業總是爭相花錢請我談談這個主題。遺憾的是，我完全不相信「無畏無懼的領導力」。天不怕地不怕的領導者瞻前不顧後，這種領導力既無法激勵人心又遙不可及，反而會把團隊搞得亂七八糟，結果把大家置於危險的處境。我相信的是「勇敢的領導力」，這種領導者鼓勵追隨者在仔細評估過風險與確認可能後果，並且能精確判斷潛在回報是否高於風險之後，再採取行動。

　　勇敢的領導者無所不在。那名站在懸崖邊的小女孩鼓勵我採取行動，而我則在 YouTube 分享自己面對恐懼的經歷，鼓舞了數百萬人。我的點閱率從一百次上升到五千次，再爬上五十萬次，這只意味著一件事：人們讚賞勇氣。突然間，來自全球各地的網友都開始在自己對決恐懼的影片裡面標記我，並謝謝我啟發他們採取行動。誰會想到，明明只是在為自己做某件事，竟然能產生影響他人的力量？勇氣的力量就是這麼強大。

這個世界需要你的價值。

於是我進一步思考：要是我的故事可以激勵全世界這麼多來自不同文化、語言、社經地位、信仰與觀點的網友，那麼，善用我新發現的平臺分享其他人發揮勇氣的故事，又可能會產生加乘幾倍的效果？

這正是本書誕生的原因。它可說是一場社會運動，敦促大眾鼓勵彼此去面對自身恐懼，並追尋自己最夢寐以求的目標。

這場運動不是靜如止水，而是波濤洶湧。一則勇敢的故事啟發另一則，反過來鼓舞某人採取行動，這個人也因此感到有能力分享自己鼓起勇氣的故事，希望能影響其他人。為何有這麼多人對這場運動深感興趣？原因並不在於每個人都有自己的恐懼，而是我們都知道，自己最夢寐以求的目標就在恐懼的彼岸，我們都想發揮充分的勇氣，至少要抓住這個目標。

但是我算哪根蔥，竟敢妄想引領這場運動？

我沒有博士學位、不是治療師或創傷事件的倖存者，也與《財富》雜誌五百大企業執行長沾不上邊，我只是一個決定追尋最夢寐以求的目標，不願意被恐懼打敗的人。事實上，在我公開現身說法以後，最常聽到的評論就是「妳真的是素人耶」，任何年齡層與背景的男女都說過。剛開始我很不解，思考自己是否該把它當成讚美；現在我懂了，這句話不帶任何褒貶之意，就只是說我擅長與他人搭起建立關係的橋梁，所以會讓對方開始思考，「要是連她都做得到，憑什麼我辦不到？」

現在，恐懼，你好（Hello Fears）是一個社群，日常素人會在這為彼此加油打氣。所以，我希望你在閱讀本書的過程中，

務必將自己小小的勇氣之舉放在心上。這就是接下來幾頁只畫底線的用意。請將自己小小的（或沒那麼小的）勇氣之舉記錄下來。請務必幫這幾頁做記號，這樣就可以輕易地翻回來查看自己的進度。在這趟旅程的終點，我很樂意看到你拍下這張清單並與大家分享。我們都會上傳到「恐懼，你好」社群平臺，激勵彼此跟著做。

　　我們的脆弱讓我們具有人性，我們的勇氣則讓我們胸懷大志；但將兩者結合起來，才會讓我們成為真正的領導者。就像那名站在懸崖邊的小女孩。

勇氣可嘉的小（或沒那麼小的）行動

開始日期：　　　　　　／　　　　　　／

第二章　懶／人／包

請造訪 hellofearsbook.com，你會發現本章最吸睛的活動。

→ 看我從懸崖上往下跳，還要假裝我沒事。

→ 觀看日常素人面對自身恐懼的影片集錦。

→ 閱讀其他人的勇氣故事或分享你的故事。

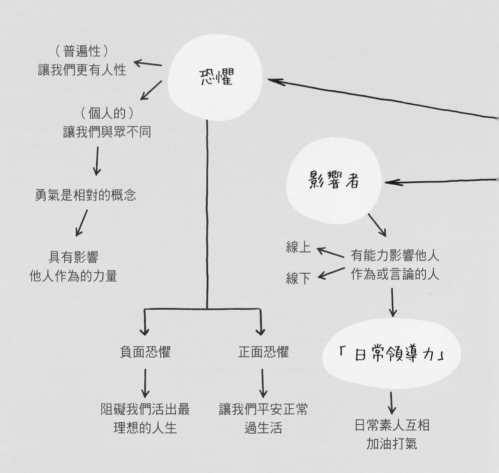

（普遍性）
讓我們更有人性

恐懼

（個人的）
讓我們與眾不同

勇氣是相對的概念

具有影響
他人作為的力量

影響者

線上　有能力影響他人
線下　作為或言論的人

負面恐懼　正面恐懼

「日常領導力」

阻礙我們活出最
理想的人生

讓我們平安正常
過生活

日常素人互相
加油打氣

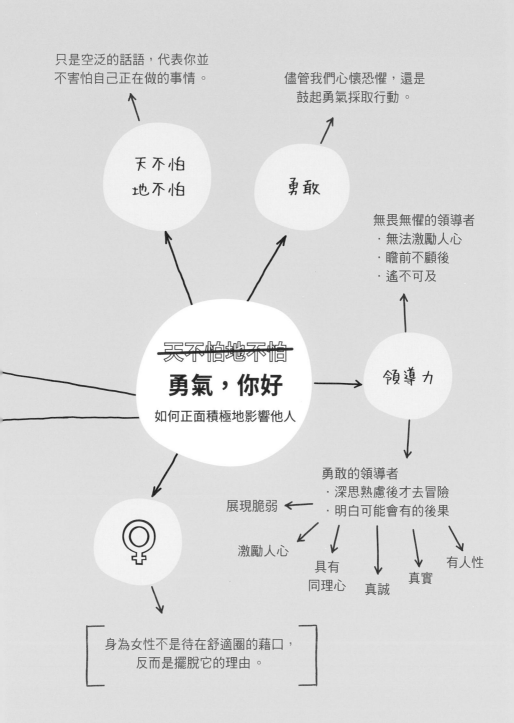

只是空泛的話語，代表你並不害怕自己正在做的事情。

儘管我們心懷恐懼，還是鼓起勇氣採取行動。

天不怕
地不怕

勇敢

無畏無懼的領導者
· 無法激勵人心
· 瞻前不顧後
· 遙不可及

~~天不怕地不怕~~
勇氣，你好
如何正面積極地影響他人

領導力

勇敢的領導者
· 深思熟慮後才去冒險
· 明白可能會有的後果

展現脆弱

激勵人心

具有
同理心

真誠

真實

有人性

身為女性不是待在舒適圈的藉口，
反而是擺脫它的理由。

第三章

社會期待，你好

檢視你自己的需求

我會在十五歲時親吻一個男孩；十七歲時要認真地交第一個男朋友；十八歲之前我不會發生性行為；大學畢業我要馬上和這個男朋友結婚；我會在自己學有專精的領域找到穩定的工作；做了幾年後，我會在差不多二十五或二十六歲時生小孩……不對，還是二十五歲好了！我們會過著幸福快樂的生活。全劇終。

你心裡是不是也擬好了一張人生階段中每個年齡的待辦事項清單？我真的做了一張，而且照著清單走——差不多都有做到啦。

我的初吻發生在十四歲；認真交男朋友是在十七歲（達標！）至於性行為，這個嘛，大概是在十七點八歲吧（很接近！）我們大學畢業前半年就訂婚了，然後選在我過完二十三歲生日的三個月後結婚。哇，我都有照進度完成！

……直到二〇一二年一月。

結婚才三個月，我生平第一次恐慌症發作。謝天謝地，這也是最後一次。當時我根本搞不清楚自己怎麼了，我開始感到胃痛、畏寒、暈眩，心臟像是在參加百米衝刺似地狂跳。剛好我母親來邁阿密拜訪我們，所以當她目睹我的狀況，馬上就知道我是輕微的恐慌症發作，因此協助我讓自己冷靜下來。

我不明白為何恐慌症會發作，但我打算搞清楚！我決定馬上去看心理治療師。幸好，家母就是治療師，所以我們家對各種療法百無禁忌。實際上，當下這似乎是顯而易見該做的事。

我母親總是會說：「你能送給任何人最棒的禮物就是療癒。」我將這句話謹記在心，心裡想著有何不可？

其實，在這場突發事件之前，我在七歲時就有過接受治療的經驗了。說起來實在有點丟臉，那時我每晚都還會尿床，於是媽媽帶我去看治療師，她施展了魔法，然後我就再也不尿床了！

時間快轉到二〇一二年，就在接受治療的幾個月後，我逐漸發現自己的問題出在哪：我已經完成人生待辦事項清單上大部分的目標，只剩下幾項有待完成：買房、生小孩、抱孫子、死亡。當時我才二十三歲耶！這個事實真的很恐怖。我開始質疑「幸福」是什麼。我可以說是擁有自己夢寐以求的一切：我帶著自己熱愛的圖像設計與廣告雙學位從大學畢業；我搬到邁阿密，在當地最頂尖的廣告公司得到超棒的工作；我嫁給此生最愛的對象；我的摯友與家人都住附近；我們住處樓下就是最美味的壽司店。人生很美好。

為什麼我對生活還不是百分之百滿意？我的意思是，這張人生待辦清單本該讓我此生過得既充實又幸福，而且我還一一達標了。

我過得如此安適，結果心裡反而不太舒服。我才二十三歲，卻已經過著如此穩定、可預見的、單調的生活。對我來說，這種生活其實不是那麼充實與難忘。我感到失落，但到底有什麼好失落的？周圍的朋友看起來都十分心滿意足地過著安適的生活，沒有人像我這樣發出強烈質疑。他們一個接一個結

婚買房，然後很快地，迎來驗孕棒的陽性結果。我花了好幾個月不斷自問：「這就是我想要過的生活嗎？」

就在此時，我腦中浮現出這個想法：**多數人傾向尋求安逸，而非幸福**。這兩種感覺很容易被混為一談。對某些人來說，安逸就是幸福：越是安逸，就越不易感到辛苦，也就相信自己越快樂。

我很明顯不是這種人。但誰知道呢？

沒錯，我擁有能夠遮風擋雨的住處，所愛之人就在身旁，每個月有足夠的收入應付開銷，還有餘裕買會帶來舒適感的好物。我們都需要這種舒適感，也該為此心存感激。但我並不希望人生就停在這個階段。要是我們只設定這樣的目標，一旦達標後，就會停止追求成長。換句話說，滿足基本需求的生活將會拖累我們發揮潛能。

安逸 vs. 幸福

罪魁禍首揭曉：我不快樂，因為我很安逸。

我想請你從以下選項中圈選一個答案：

一、我感到快樂
二、我感到安逸
三、以上皆非

二〇一一年的蜜雪兒會拿出鉛筆圈選二；二〇一五年到現在的蜜雪兒會用五顏六色的筆圈選一（還要用亮片裝飾）。

如果你選三，因為你知道自己既不快樂也不安逸，本書就是為你量身打造，我很開心有你加入！我們將合力找出你的幸福落在何方，以及是什麼障礙阻撓你實現目標。

也有可能你圈了二或一，但是在閱讀本章與全書的過程中，你會發現自己的幸福感還有拓展的空間，而且（或者）透過面對更多恐懼，你也將重新定義安逸。

本章將幫助你了解自己正處於什麼階段，並朝著選項一邁進，也將在過程中為你的生活增添一些火花。

更多挑戰＝更積極展望未來

我的治療師讓我察覺到自己的人生需要更多挑戰：新目標、新里程碑、新的人生目標。我不想把一生都用來買沒用的物品以及擬定寶寶姓名清單（但不得不說，克蘿伊這個名字真的超可愛）。

於是，我列出了一張新的清單，就和本章開頭分享的差不多。不過這一次，再也沒有年齡限制或截止日期。最重要的是，這份清單完全由我決定，沒有被任何人左右。

□ 搬去紐約
□ 變成創業家
□ 與老公共事
□ 周遊世界
□ 為自己取個名字

這張全新清單挑戰我拓展自己的視野，也給了我希望去相信自己有天會成為從小到大心目中的成功女性。英國創意大師保羅・亞頓有本著作的書名叫《重點不在你多優秀，而在你想多優秀》，而我想變得超好超優秀；不過我也知道，實現目標的過程會有多驚人。

我得從某個地方開始……紐約，我來了！

我的紐約恐懼症

・想要搭地鐵卻迷路

・在地鐵上被扒或被搶

・得熬過可怕的暴風雪

・無法將所有衣物（和冬天的外套）塞進一個小衣櫃

・掃光貨架並吃光所有東西的誘惑

・最重要的是……在職場上不夠有競爭力

我好不容易才說服亞當和我一起踏上這趟冒險。他是整個家族的財務規劃師，他考慮了很久，然後下了很可怕的結論：搬到紐約根本就是財務自殺。

亞當的紐約恐懼症

・破產
・公寓只附一套衛浴設備

　　告訴伴侶自己想要改變，這件事是很可怕沒錯，當對方是你邁向脫離安逸、充滿挑戰、令人心驚，卻有豐盛收穫的理想生活路上不可或缺的存在時更是如此。所以，我把所有搬去紐約攸關我的幸福與心理健康的理由攤在桌上，用我最堅定的語氣爭取到底。他認真地把我的話聽進去了，並且對我說：「如果這就是妳想要的生活，如果妳打從心底相信紐約可以帶給妳如此充實與幸福的生活，那我會認真考慮。不過，妳得證明自己究竟有多想要這麼做。」這要求很公平。

　　亞當向我提出了存一萬美元挑戰。大買特買，掰掰！抹茶拿鐵，永別了！星期天的鬆軟班尼迪克蛋加含羞草雞尾酒早午餐（我真的會很想念這個），掰掰！我得把所有的收入存下來，然後向亞當證明，為了實現目標，這點犧牲不算什麼。有些人會稱此為「轉大人」，但我的說法是：為了追求幸福，舒服滾

邊去吧。

　　這次的經驗告訴我：**為了我們的幸福努力、將我們的需求擺在首位，以及找到雙方都滿意的辦法是完全沒問題的**。這既不代表要讓我或亞當百分之百滿意，也不代表要勝過對方。這代表我們為了讓對方開心，同時也照顧到自己的需求，彼此都願意犧牲。最後我們各退一步：我成功存到一萬美元，他同意搬去紐約！

你想要滿足
哪一種需求？

（勾選一項）

口 融入的需求

口 走自我實現之路的需求

數不清的期待

「你們說明年要搬去紐約是什麼意思？你們已經結婚
一年了耶。妳也快要二十四歲了。你們不覺得差不多
該考慮生小孩和買房子了嗎？」

當我們向親朋好友分享這項消息時，以上這些都還只是部
分回應而已。

沒錯，他們都期待我留下來、安家立業、生下小克蘿伊
（我媽媽向來認為三是個幸運數字）。不過這次我選擇**不要**滿足
別人的期望；相反地，我要追尋自己的夢想。對不起，克蘿伊
寶貝，妳要再多等一下了。

我滿懷雄心壯志。親愛的，當你渴望成功時，天底下沒有
什麼事阻擋得了你，就連別人對你的無限期望都無法。你想要
滿足哪一種需求：**融入的需求還是走自我實現之路的需求？**要
是你選擇後者，請繼續往下讀。

我們的需求

馬斯洛是舉世聞名的心理學家，他提出了「需求層次理
論」。還記得那個金字塔嗎？你可能在學校念書時略有耳聞，
特別是如果你修過行銷、心理學或社會學的話。（沒有嗎？沒
關係，其實也不重要。）

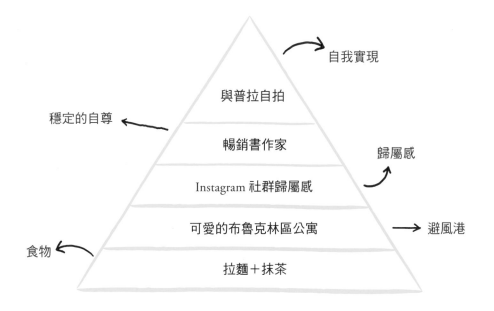

蜜雪兒的需求金字塔

自我實現

與普拉自拍

穩定的自尊

暢銷書作家

歸屬感

Instagram 社群歸屬感

可愛的布魯克林區公寓

避風港

食物

拉麵＋抹茶

　　一切都從最底層開始，也就是我們的基本需求，好比空氣、水和食物。（尤其是拉麵配溫泉蛋，你也是嗎？）往上一層，我們需要安全的避風港，最好是紐約（哈哈，開玩笑的啦）。要是你像我一樣喜歡深入研究人類心智的話，再往上一層的需求就比較有趣了，在這個金字塔的中間，馬斯洛將我們透過某種方式在社會中找到歸屬感的需求擺在這裡。繼續往上，我們就會需要自我感覺良好……自尊，你好！最後到了金字塔頂端，是自我實現的需求。這層需求終究是指向擁有更崇高的目標，並充分發揮我們全部的潛力，完全可說是「目標」，顯

然不可能完全實現；嗯，也許有可能啦，甘地、歐普拉或馬拉拉的成就大概很接近了。

馬斯洛聲稱，**我們的需求激勵我們進步**，也就是說，如果我們無法先滿足這些需求，就不可能聚焦更遠大、更多面向的層次。在本章與下一章，我們會聚焦金字塔的中間層，分析並理解為什麼我們如此執迷於企圖製造歸屬感，即使得付出犧牲自我實現的代價也在所不惜。因為，雖然我同意需求激勵我們進步，但是我有自己的一套理論：**我們的需求也會限制我們**。

融入環境

人類與生俱來就擁有與生存需求密不可分的**共同恐懼**，無論你從哪裡來、年紀多大，大概都會懼怕以下事物。事實上，我想請你圈出自己害怕的東西！

多毛毒蜘蛛　　針頭　　高度

順帶提一句，我默默在心裡把三個都圈起來，所以我希望你至少圈一個！我們的共同恐懼其實讓我們更有人性。事實上，你最好要感到害怕，因為以上那三樣東西完全有可能讓你喪命。所以回過頭去把三個都圈起來吧（都不圈也沒差啦，你這個莽撞鬼）。

這些恐懼是史前時代人類大腦發展出來的某個區域。我

們天生就有求生本能，而且多虧了這個區域，我們活下來了！不要觸碰有毒生物、不要從高樓往下跳、不要踩到尖銳物品，這些都已經化為本能了。我們活在地球上最重要的事就是活下來，如果你正在讀這本書，那代表你做得非常好。我真心佩服你與你的腦袋！

在成長過程中，我們又發展出一堆有的沒有的恐懼，像是圍繞著愛情與歸屬感的需求所產生的**文化恐懼**，而這些恐懼輕而易舉就把我們打得落花流水。

我們身邊都會有幾個這樣的朋友，也可能我們就是這樣，因為太害怕晚年只剩貓咪相伴，於是一看到求婚戒指馬上說「好」（當然嘍，當事人絕對不會承認這一點）。你可能會有這樣的同事，由於太害怕被評斷、忽視或拒絕，所以將滿腦子想法藏在心中。或者你有這樣的表親，因為害怕讓全家人失望，於是從來不去追求夢想。還有你的摯友，仍然發誓自己喜歡異性，一直不敢表現自己對同性的愛慕之情。

就這樣，我們的文化恐懼症讓人們對非常重要且早該討論的話題避而不談。

每一種文化都自有一套社會規則和期望，而且通常會伴隨著以下說法：

「別這樣做。」

「別那樣說。」

「別那樣穿！」

或是……

「務必生第一胎，
然後再生第二胎。」

「務必在三十歲之前
把自己嫁出去。」

「務必要拿到企業管理
或碩士學位。」

聽起來很耳熟嗎？

社會創造文化恐懼，讓我們依循一套特定模式待人處事，
並塑造我們的人格，以期符合它的標準。有趣的是，某些人對

某些事情實在無法苟同，但恰好這些事正是其他人對你的期望所在。所有的一切完全取決於你個人的成長經歷：

範例一：在印度，徒手吃飯是一種尊重和喜悅的象徵，但是在美國這種行為恰恰是餐廳或阿嬤把你趕出去的最佳理由。

範例二：在美國某些地區，當地的風俗民情都期望女性年輕時就出嫁，當丈夫的賢內助，然後生好幾個小孩；場景換到紐約之類的大城市，三十歲以前結婚生子往往會被視為職涯終結的象徵。

範例三：在拉丁美洲，女性的美感標準就是豐乳與翹臀，而且最好是天生就有點料，很多女生都會想要動個整形手術；但是在歐洲，紙片人才叫性感，而整形是大忌。

看來，完美、美麗或成功似乎沒有放諸四海皆準的定義，而這也意味著你可以自己定義！不過，無論我們身在何處，缺乏歸屬感、打不進小圈圈、沒人愛或不被接受，都深深影響著我們所做的大部分選擇，以及我們在他人面前現自己的方式。有歸屬感真的很棒，我真的懂。再說，歸屬感也是建立社群、家庭、友誼和團隊凝聚力的橋梁。不過，要是稍不留意，**想要打進小圈圈的需求也有可能會傷害到我們的真實性和個體性**。每次我看到年輕人因為想要符合文化期望而匆匆完成終身大事，或是漂亮的女生因為想要達到自己國家的美感標準而不斷整型，我都會感到超沮喪。

你知道最奇怪的地方是什麼嗎？我們通常不會停下腳步思考自己這些行動背後的真正原因，而且我們大多數時候都隨波

逐流。我敢打賭，你自己絕對不會這樣想：「唉，我真該買一輛休旅車，那樣我看起來就和其他媽媽一樣，就不是什麼開 MINI Cooper 的怪人了。」絕對不會！你就只是觀察周遭的人事物，然後「要和別人一樣」或「要做別人在做的事」的需求悄悄浮上心頭，而你也屈服了。我以前也是這樣！我可是買了一雙湯麗柏琦（Tory Burch）平底鞋耶，就是那雙鞋頭有個大大的品牌標誌，腳後跟鬆鬆軟軟的娃娃鞋。妳也有一雙一模一樣的鞋？黑色的嗎？我也是！

我們真的需要這些東西——閃亮的鑽戒、盛大的婚禮、改從夫姓、新生兒派對與新手媽媽產後禮——才會快樂嗎？你問過**自己**到底想要什麼，並且誠實地作答嗎？有些人確實問過，在五十歲的時候！這種現象稱為中年危機，也是老媽跑去刺青和開始作畫，老爸突然穿上夏威夷襯衫、跳上重機、決定勇訪世界盡頭的原因。中年生活經常讓人們開始意識到自己過去所有決定的出發點都是滿足他人期望，接著納悶自己究竟是誰，又到底在乎什麼。當然囉，還是有人從來不把力氣用來迎合社會期待——融入小圈圈，然後批評不這麼做的人。我的目標就是協助你認識**現在**的自己，督促你鼓起勇氣在接下來的日子實現自己的目標，並對真誠與真實的自己充滿信心。結束。

歸屬和融入的區別

真正的歸屬不是被動接受，不是融入、假裝或出賣原

則，只因為這樣做比較安全。歸屬是一種實踐，我們必須懂得示弱、感受不自在，然後學著如何在不犧牲自我的前提下與他人共處。真正的歸屬是一種精神實踐的作為，因為你深深相信自己、屬於自己，因此樂意與全世界分享最真實的自我，同時也在屬於某種團體與獨自一人這兩種截然不同的情境下找到神聖感。真正的歸屬不會強迫你改變自身本質，只會要求你做自己。

——布芮尼・布朗，暢銷書作家

　　布芮尼・布朗在其著作《做自己就好》中強調了**融入**和**歸屬**之間的重要區別。融入指的是你讓自己融入特定的群體或情境；歸屬則是你秉持本性進入任何群體或情境。哪一種描述最符合你的行為？

　　當然啦，保持安逸、追隨朋友的腳步、完成被期望要做的事、讓別人因為我的選擇而開心不已，這樣的生活會輕鬆很多；不過，要是我把大家警告我不要傾聽自己內心給聽進去了，「讓他人失望」和「無法融入團體」這兩大恐懼就會幫我做出選擇。

　　像我這樣胸懷大志、自我激勵的人選擇相對容易的道路時是得不到任何收穫的。真要說我一路走來學到了什麼，那就是**基於恐懼而做的決定會帶來後悔、不快樂、委屈和不平衡。**

數不清的抉擇

不妨想想你這一生為了滿足他人期望所做過的選擇。或許是你的職業、就讀學校、結婚或離婚對象、朝九晚五的工作、生幾個小孩、長相、居住地、車款。哪些選擇是為了讓自己開心？哪些又是為了讓其他人或是社會滿意？

請盡可能誠實地列出三件你為了融入社會、讓別人開心或想討人喜歡而選擇的事。

一、

二、

三、

現在，請列出三件你為了讓自己開心而選擇的事，即使根本沒人看你做過那些事。

一、

二、

三、

你所寫下的第一組答案，是你認為自己**應該做**的事；第二組則是你**想要做**的事物，而你也真的辦到了！

哪一組會為你的日常生活帶來最大的滿足感呢？

問題是，**那些愛對你的決定下指導棋的人，並不總是會為那些事帶來的結果負責**。你媽媽央求你生小孩，但是到頭來，嬰兒在凌晨四點哭鬧時，妳才是必須掙扎起身餵奶的人；她也許會說服你讀法律系，但你才是那個要搞懂密密麻麻的文字到底在說什麼的人；她可能還會要求妳打扮得像個女孩一樣，但妳才是得整天穿著高跟鞋，回家後得小心護理水泡的人。

請在下方列舉的事項中圈選出最能夠形容你做出某些決定的感覺（要是你對某些選項已經有很明確的想法，直接跳過或重新描述，沒有很嚴格的規定啦）：

一、我想要／應該和家人定居在同一座城市。

二、我想要／應該為自己取個名字。

三、我想要／應該生小孩。

四、我想要／應該在知名企業工作。

五、我想要／應該探索自己的熱情。

六、我想要／應該創業當老闆。

七、我想要／應該去異地旅行。

八、我想要／應該捐贈器官。

九、我想要／應該擁有信仰。

十、我想要／應該_____。

我的意思不是你就應該只做自己想做的事，畢竟每個渴望都會伴隨著一連串的責任與義務。你想要畢業嗎？那就應該安分做完功課；你想要出版自己的作品嗎？那就應該開始動筆寫作。你想要改善自己的心理健康嗎？那就應該去看治療師！**每一種「應該」的終極目標就是「想要」。**但假使這個目標反而是，先實現第一層的「應該」，以便實現第二層的「應該」（或是其他人的「想要」），我要說，你根本是在自找麻煩，把人生變成地獄。

讀大學是因為你找到了能激發自己好奇心的事業；結婚是因為你相信婚姻，而且找到了對的人；生小孩是因為你覺得時間和感覺都對了，而不是因為伴侶想要。請找到每天都能讓自己感覺充實的工作，要是遍尋不著，那就自己開創吧。但是，絕對不要為了一項職業、一名伴侶、一份工作、一座城市與一段讓你備感空虛的人生而妥協。

我這輩子最珍視的，就是那些我為了自己而努力完成的事。

值回票價的犧牲

我可是犧牲不少代價才達成今天的成就，不過還好，犧牲也帶來了滿足感。讓社會失望的犧牲帶給我做自己的滿足感；對抗自身恐懼的犧牲帶給我改變人生志業並影響上百萬人的滿足感；存到一萬美元的犧牲則把我帶到了紐約。我犧牲的對象

主要是過去的我，但老實說，我更喜歡此時此刻正在蛻變的自己。我們會在第九章討論對成功的恐懼時更深入討論這個主題。

現在，我想要你花幾分鐘回答以下問題：

一、如果可以重返校園並重新選擇事業，你會選什麼？

二、如果可以生活在世界上任何地方，你會選哪裡？

三、如果可以與任何人為伍，你會選哪些人？

四、如果可以找到任何工作，你會選什麼工作？

五、你已經實現上述任何一項了嗎？若還沒，你打算怎麼跨出圓夢的第一小步呢？請回頭在答案旁邊寫下你的想法。

以下是我針對那四個問題的回答：

一、如果可以重返校園並重新選擇事業，你會選什麼？

我領悟到廣告業不適合自己之後，便重返校園拿到品牌打造碩士學位。這·是·我·此·生·做·過·最·棒·的·決·定！除了確定品牌打造是我真正的熱情、學到各式各樣令人興奮的新鮮事、四處結交讓人大開眼界的朋友與人脈，我的畢業論文就是「百日無懼」計畫，它澈底顛覆了我的人生。

我如何實現目標？

我申請了一筆至今還在分期償還的貸款，並把這項計畫當成全職工作，用整整一年的時間逐步落實。為了達成目標，我週末時留在家裡做功課，而且不再去餐廳吃大餐。

二、如果可以生活在世界上任何地方，你會選哪裡？

就是現在我住的地方：布魯克林區威廉斯堡。我已經幻想搬進這一區好幾年了，終於美夢成真。為什麼是威廉斯堡？因為它兼具兩種生活方式的優點：你可以在這裡找到曼哈頓風的時髦咖啡小店與小餐館，卻不用忍受曼哈頓街頭的黃色計程車、公車、遊客與噪音。我的公寓距離東河、天際線、橋梁和美麗的公園只有兩個街區，而且樓下就有一間超讚的披薩店，對街除了有一家以色列咖啡館、一間拉麵店，還有無敵美味的法式麵包坊。

我們如何實現目標？

由於我們經常出差，於是決定暫時當個漂流族，好省下住在紐約一整年的房租。每逢沒有客戶出錢讓我們住飯店，基本上就是帶著行李箱住進公婆家、父母家、Airbnb 或朋友家客廳的沙發上。

當我們重返紐約，先是在布魯克林區一幢賣相不佳的大樓找到一間附設小小浴室的單房公寓，但大廳沒有門房，也沒有電梯。這是一處小窩，但充滿正向氛圍，而且半數外牆都是裸露的磚石。（真是太棒了！）

三、如果可以與世界上任何人為伍，你會選哪些人？

胸懷大志、有上進心、多才多藝的人，就像我的新朋友們。我會精挑細選並刻意將他們帶進我的世界。這些朋友與我有相同的價值觀，也與我有同樣強烈的幹勁與野心；這些朋友

每天都會邀請我朝著做最棒的自己，絕對不要得過且過的方向前進；這些朋友想要看著我成功，即使我的目標或成就已經超越他們各自的舒適圈了。

我如何實現目標？

我踏出第一步，送出自己稍感不安的訊息：你好！我很喜歡你現在做的事，請花點時間瀏覽我的作品。你喜歡咖啡？我不喜歡。我們來試試抹茶！

我一開始啟動百日計畫或決定辭去工作，改攻專題主講人時，不曾對外發送訊息。我只是靜候正確的發送時機。為了成為讓自己感到驕傲的人，我真的是拚命工作。我只要一完成目標就會設定更高目標。到了這時我才敢真的踏出第一步，接觸潛在的新朋友。當我得到他們的回應，就會用最真實的樣子與他們交流。我提供而非要求協助，而且我一開始就會視他們為普通人，而不是所謂的人脈。

四、如果可以找到任何工作，你會選什麼工作？

此時此刻，我做著自己夢寐以求、最棒的工作。有人付錢給我周遊全世界、發揮正向意念影響幾百萬人、創造有意義的內容、與老公共事，還可以自己當老闆。

我如何實現目標？

當我的同學們都在申請各種品牌打造的職缺時，我**選擇**打造自己的品牌。這是我長久以來渴望的夢想。我**選擇**投資自己，而不是拿去付房貸；我**選擇**真實展現自我，不再在意其他

人怎麼看我；我**選擇**傾聽自己的心聲，而非其他人的擔憂；**我選擇為自己做出選擇**，而這就是每天激勵我的力量。

在我停止在意能否融入群體的那一刻，我開始劃掉自己的人生待辦清單，因為我領悟到，與眾不同的感覺棒透了。

但是，別誤會，我既沒有過著完美生活，也並非對任何事都有答案。（是說誰會想要這樣呢？）要是每一件事都各得其所，生活還有什麼目標呢？還能得到什麼滿足感呢？再說，你不可能百分之百都做到位，因為每當你開始感到安逸時，人生就會丟來一顆最猝不及防的變化球，然後呢？被事情打敗並不真實，穩定感也不真實，唯一真實的，是你面對人生各種突如其來挑戰與困境的能力。開始擦亮你的技能與信心吧，別再追求凡事都要有答案了。

練習

現在，讓我們回頭關注本章一開始的期望清單。你記得自己高中或大學時期的清單長什麼樣子嗎？當時的你懷抱著什麼樣的夢想？你是否也像我一樣為這些人生里程碑訂定年齡上限？請在下表列出當時的願望：

我年輕時的自我實現清單

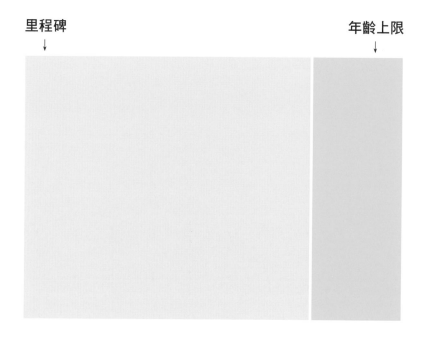

里程碑 → 　　　　　　　　　　　　　 年齡上限 →

　　勇氣就是檢視自己的需求清單，而非社會期待你達成的待辦事項，更不是在眾人的期待下做出選擇。

　　有鑑於此，我想要你重新擬定這張清單。你可以先從頭開始構思一個全新的表格，也可以沿用過去的里程碑，不用想太多！這次請問自己以下幾個問題：如果我不再根據他人對我的期望判斷自身價值，或是如果我不再害怕讓別人失望、被拒絕或讓自己出糗，我會想要實現哪些目標？

我現在的自我實現清單

里程碑

阻礙你實現這些目標的障礙是什麼?

勇氣就是檢視自己的需求清單，
而非社會期待你達成的待辦事項，
更不是在眾人的期待下做出選擇。

第三章　懶 / 人 / 包

請造訪網站 hellofearsbook.com。你會發現本章最吸睛活動。

→ 看我在還不是 YouTuber 時所發布的「搬去紐約」（Moving to NY）影片。

→ 看一段完美闡釋馬斯洛理論的動畫影片。

→ 閱讀布芮尼·布朗的《做自己就好》，深入了解真正的歸屬感。

→ 看一段關於我們離開邁阿密的影片日記（這段影片用四分鐘總結了本章內容）。

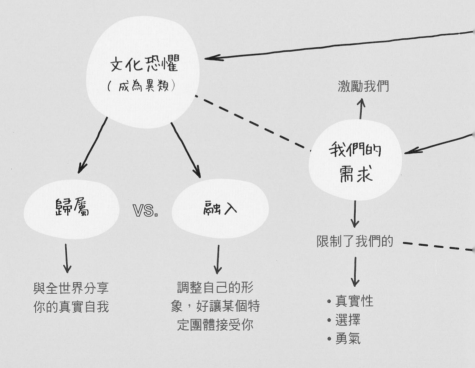

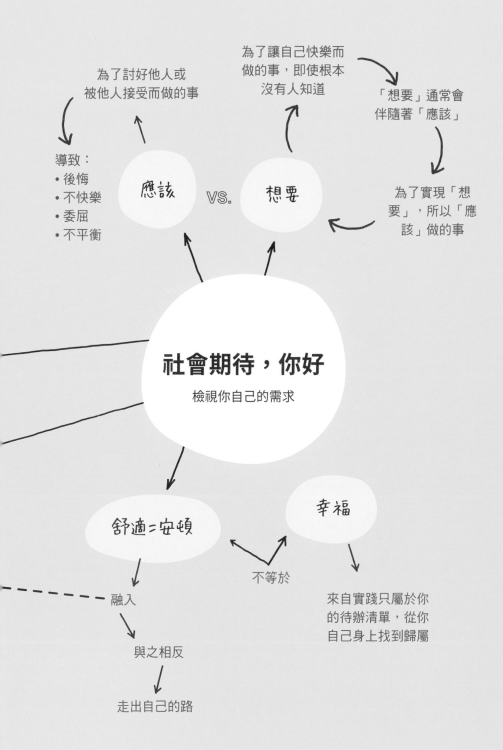

為了讓自己快樂而
做的事，即使根本
沒有人知道

為了討好他人或
被他人接受而做的事

「想要」通常會
伴隨著「應該」

導致：
• 後悔
• 不快樂
• 委屈
• 不平衡

應該　VS.　想要

為了實現「想
要」，所以「應
該」做的事

社會期待，你好

檢視你自己的需求

舒適=安頓

幸福

不等於

融入

來自實踐只屬於你
的待辦清單，從你
自己身上找到歸屬

與之相反

走出自己的路

第四章

你，你好

成就你最真實的自我

「蜜雪兒，妳是很有野心的人。我的問題是：當妳不是自己所在領域中最突出的那個人時，妳如何自處？」

這是我在可口可樂的演說結束後，一名員工拋給我的問題。

我已經聽慣了一般性的問題，諸如：「妳所面對的一百種恐懼中，哪一種最艱難？」或「妳曾經在面對恐懼時受傷嗎？」從來沒有人問過我「不完美」這種問題，所以我想了幾秒才回答，而且答案大概不是他們想聽到的……

「我一開始思考這件事才發現，其實我從來不追求完美，真的，從小到大不管做什麼，我都不追求完美！其實，我根本就不是完美主義者！我希望別人認為我與眾不同、令人驚豔且難以忘懷，是不是最突出的反而沒那麼重要。而且，好不好全然是主觀定義：某人眼中最突出的，對另一個人來說可能糟到不行。我們明明可以追求與眾不同、獨樹一格、百分之百做自己……為什麼還要追求完美？**我寧可因為標新立異被他人拒絕或不滿，也不要為了被別人接納而成為泛泛之輩。**」

本章主要討論的是「成為最真實的自己」，這指的是不要去看外在的事物，而要好好檢視自己的內心，並鼓起勇氣呈現你最真實的面貌。做好準備，好好地深入了解接下來的自我品牌打造課程吧。歡迎進入第四章！

生平第一次恐懼

　　我主動揭露、擁抱和強調真實自我的意願始自童年，而且還是在治療師提出一連串讓我稍感不適的問題時才發現的：

　　「妳還記得自己小時候的某個恐懼嗎？」

　　我笑出來，說了一些類似這樣的蠢話：「我的姨婆席薇亞看起來像是馬戲團的小丑，而且身上老是有一股三個星期前吃過的蘆筍味。有夠恐怖！」但是對方並不是在開玩笑，所以我就乖乖地踏上穿越之旅，回到童年找出問題的答案。她要求我盡可能回溯到年代最久遠的記憶。經過一陣尷尬的靜默，我給出了答案：

　　「大概在我兩歲半的時候，我被硬推著走上紅毯──當然嘍，我不是新娘，而是花童──我到現在都還記得自己有多害怕。」

　　你可能會假設，兩歲半的小女孩應該會很開心能打扮得和新娘一樣，穿上純白色的大蓬裙禮服，然後一邊走紅毯一邊到處撒玫瑰花瓣，對嗎？

　　但這名小小花童完全不是這樣想的。我很怕要自己一個人走完紅毯，也很怕走到另一頭才發現找不到媽媽。

　　從那天起，我就超討厭婚禮。但是當然嘍，所有人都想要我當他們的花童。所以，每一場婚禮我都故意搞破壞，這樣一來就再也不會有人請我當他們的花童了……哇哈哈！聽起來超邪惡的對不對？不過根本沒用，大人們還是繼續邀請我擔任花

童。我的意思是，畢竟自己以前很可愛，我光靠圓鼓鼓的臉頰就可以做花童生意了（隨便說說的，別當真）。

透過找出自己的第一個恐懼，我才充分理解自己童年時期的種種行為。直到七歲為止，我每次參加婚禮、生日派對、猶太教成人禮或各種你喊得出名號的聚會，都很害怕離開媽媽身邊。以爸爸或媽媽為中心畫出直徑三公尺的圓就是我的舒適圈，而且我會確保自己不管做什麼都不踏出去任何一步，就算外面有美味的霜淇淋或蛋糕也無法動搖我的決心，無論上面撒了多少彩糖都無法讓我離開安全地帶。

有一天，我絕望的雙親打算放手一搏，幫助他們害羞又黏人的女兒，因此決定尋求專業協助。他們有一種預感，或許我的害羞不如他們想像中戲劇化，所以帶著我四處求助。然後⋯⋯結果讓人跌破眼鏡！

⋯⋯我看不見！真的，什麼都看不見！這麼久以來他們完全沒想到我有近視。

眼鏡，我來啦！

謎底揭曉。這名七歲小女孩只需要一副粉紅色的圓框眼鏡。搞定！再也沒問題了！

是的，沒錯。但那只是一連串問題的開始。

我討厭那副眼鏡。除了每次我照鏡子都覺得自己不夠漂亮，同齡的小孩也開始取笑我。

不一樣＝耍酷

「妳還是妳啊，只不過多了副眼鏡而已！」

「妳看，老爸也戴眼鏡啊！我們就像雙胞胎耶！」

「妳看起來很聰明啊！」

　　這些都是我媽努力灌進我耳裡的話，好讓我重新對自己有信心。不過呢，很不幸的，這些話一點用也沒有。畢竟，她就是我媽呀。我的意思是，不管我有沒有戴眼鏡，她本來就應該要稱讚我很可愛啊，不是嗎？

　　就在我決定放棄一心想和其他人一樣之前，我媽講了一件事，完全擊中我的好奇心：

　　「蜜雪兒，和別人不一樣才叫酷。」

　　她用她獨特的方式向我解釋了「真實做自己」的概念，而這幫助我意識到：對於自身的「不完美」，無論欣然接受或是感到厭惡，其實都是我們自己的選擇；**當我們以積極正面的方**

式去強調真實的自己時，**其他人也會看見我們獨特的美**。她告訴我墨西哥女畫家芙烈達・卡蘿和那兩道濃密眉毛的故事（那個年代濃眉還沒有蔚為流行）。她還說了前任超模辛蒂・克勞馥和她的上唇痣，以及女歌手雪兒和她低沉、陽剛嗓音的故事。

各位，那就是我的第一堂個人品牌打造課程。

很快地，我開始喜歡自己的外表、眼鏡和其他一切，我甚至要求父母買一堆便宜的眼鏡，讓我每天可以搭配衣服換來換去。我的眼鏡成了個人宣言，周遭有些朋友甚至告訴我，他們好希望自己也像我一樣需要戴眼鏡。

隨著我的信心一天天增強，壞小孩的霸凌行為也漸漸停止了。**事實證明，你越有自信，霸凌越無法對你造成傷害。**

我媽給我無條件的愛與接納，讓我去愛自己與接納自己；而她的遠見則改變了我的心態，也讓我重新定義自己。她知道，只要我能接受自己的外表，就會有無限潛能。我的爸媽教育我，相信自己的天賦與個性，遠比外貌與我所擁有的東西更重要，這點讓我為他倆感到自豪。

因此，我將「永遠不與全世界走同一條路」當成人生使命，不只是外表不流於世俗，更意味著我做的所有選擇、作為與談話都要有個人風格。我的策略很簡單：環顧四周，留意別人都在做些什麼事，然後堅定地「照自己的方式」去做。

一、我在寫申請大學的論文時，決定要展現我的誠實與脆弱。我不折不扣就是從自己有多討厭寫作這件事開始：「不過只要給我一張空白畫布，我就能在上面塗滿色彩；給我一部有

Photoshop 的電腦，我就能修修整整讓你看起來像是置身巴哈馬，身邊圍繞著一群喵星人；或是給我一枝夏筆牌的麥克筆，我就能幫你畫出一紙新商標。」然後校方就決定給我獎學金了。我們正好談到寫作，你看，此刻我就在動筆寫書呢。

二、當我辭去廣告公司的工作時，我寄了封信給人資部與團隊同事：「唯有我停止規劃人生與隱藏恐懼，我才開始過起最充實的生活。我想要直球對決我對辭去美術總監這份工作的恐懼，追求最終的幸福與自由。」我在部落格公開全信，並做了相關影片上傳至 YouTube 個人頻道。那個星期我收到超過一百則訊息，全都是來自受到鼓舞而打算改變自己人生的網友。

三、最後，我申請紐約市的視覺藝術學院碩士班。由於競爭超激烈，錄取率僅有 2.5％，於是我做出一項膽大包天的舉動：我把自己的作品集寄給校方，但隻字不提過往的成果與成就，反而是雞蛋裡挑骨頭，逐一批評。我針對所有計畫可以如何成長與發展提供完整的回饋。最後，我懇請他們讓我加入這套課程，這樣一來，當再次碰到類似情況時，我就知道要怎麼做才能更盡善盡美。我錄取了！

你若想脫穎而出，就得大膽行動。**每一次，我都寧可選擇大膽魯莽，而非不上不下的狀態。**

現在，不妨細想一下你即將提出的計畫，也許是申請書、部落格貼文、辭職信、結婚誓言、業務提案、學校或公司的簡報，無論是什麼計畫，要如何讓它更有**你的風格？**記得嗎？**和別人不一樣才叫酷。**

文化恐懼

還記得這四個字嗎？我們在第三章討論過的，要是忘記或跳過了這個部分，不妨回頭看看。

我們的文化恐懼，就是回應我們對愛與歸屬感需求的恐懼。我曾在第三章討論到，這些恐懼如何決定我們在生活中所做的多數選擇，好比我們選定的工作、居住的城市以及選擇的伴侶。我們接下來要探究的是，文化恐懼又是如何左右我們向全世界展現自身風格與形象的方式。你正在展現最真實的自我嗎？還是正在適應周遭環境，希望融入群體並感到被接納呢？

我很幸運能夠早早學會做自己的重要性，並且以自己的視角建立社群，再透過這些基礎打造出完整的職涯。如果你正在市場上尋求專業建議，希望發掘並擁有專屬於自己的聲音，你來對地方了。現在就來大展身手吧！

你的真實自我

你注意過嗎？當你身處不同群體時，自己的行為或感受都不盡相同？

死對頭

有些人就是會激發出我個性中最惡劣的部分。我發現和

這些人相處時，自己會從開心、積極、充滿活力的狀態，變得易怒又自以為是。我很討厭這種感覺。我很清楚這不是我的本性，至少絕對不是最美好的部分。

亦友亦敵

這一類朋友我覺得他們很酷；不過，我發現和他們相處時莫名很有壓力，覺得自己非得吹捧自己或表現出超有自信的樣子才行。沒多久我就覺得精疲力盡！最糟糕的是，和他們相處時，我總會不停地質疑自己的價值，「這樣做值得嗎？我夠好嗎？」

知心好友

當我和摯友或關係親近的家人相處時，我感覺自己可以無時無刻百分之百做自己，無論好壞。我不必惺惺作態、老王賣瓜或遮遮掩掩。我知道他們懂我，真正的我，而他們還是愛我！那我幹嘛要改變或假裝成不是自己的那種人？

所謂真實的自我，就是在獨處時或是與那些會激發出你最美好特質的真心好友相處時的你。

你的真實自我並不是你最完美的一面，而是你的每一面，是你所有不同面向的完美結合。現在請花點時間想想，哪些人是你的知心好友？你和他們相處時又是怎樣的人？那個人就是

真實的你，也就是我希望你百分之百展現的人。聽起來很嚇人嗎？那代表我們有點頭緒了！

冒牌貨症候群

「與別人比較」是人類最常做的某一種行為，而這根本不是我們的錯！我們小時候就開始過著比較人生了。打從我們一出生，爸媽就會拿我們和兄弟姊妹或堂兄弟表姊妹比來比去。「為什麼妳不能和姊姊一樣？」是不是很耳熟？

這些隨口說出的言論告訴我們，和別人相比，自己就是不夠好。這裡的別人往往是我們本該關愛的對象。在學校裡，老師會拿我們和全班同學比較。透過學業成績，我們一眼就能看出自己比哪些同學優秀，又比哪些同學遜色。問題是，這些分數並沒有把我們的個別情況、努力程度、優先順序或擅長技能納入考量。學業成績只能彰顯某個特定系統的結果。

長大成人後，我們又無可避免地從人生的各個方面來衡量自己：愛情、家庭、職業、外表、成就、健康、財富、幸福……這張清單沒完沒了。我們很想知道自己的人生有幾斤幾兩重，而找出答案的唯一方法就是與別人比較。你可能比表兄弟做得更好，但又不如你最好的朋友厲害。

其實，比較是可以的，只不過，當我們不願意做自己，反而想要變成某個人時，問題就來了；當我們不再接受自己原本的模樣或所處的地位，冒牌貨症候群就會跑出來搞破壞。

你的真實自我並不是

你 · 最完美的 · 一面

而是

你的 · 每一面 。

冒牌貨症候群會在人們覺得自己似乎不夠好或不夠有價值，配不上眼前所擁有的事物時出現。它最常出現在高成就族群身上，還會形成一種循環：

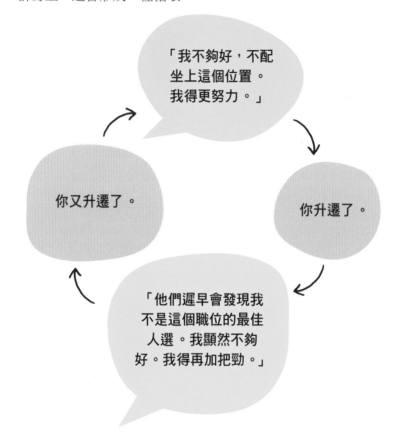

「我不夠好，不配坐上這個位置。我得更努力。」

你升遷了。

「他們遲早會發現我不是這個職位的最佳人選。我顯然不夠好。我得再加把勁。」

你又升遷了。

　　無論他們爬得多高，他們還是不會將自己的成功歸因於努力工作或技能出眾。在這種情況下，他們為了證明自己配得上

當前的職位而過度努力，結果就是不斷升遷。不過，「只是運氣好罷了」的想法會賦予冒牌貨症候群力量，最後產生自我懷疑和焦慮的惡性循環。

有人說，愛比較是引發憂鬱症的主因。所以，**你明明可以與眾不同，為什麼要與別人比較呢？**與眾不同正好是戰勝冒牌貨症候群的關鍵。

與別人比較和與眾不同

與眾不同需要擁抱脆弱。
與別人比較需要犧牲。

當我們選擇與眾不同，我們必須向內看，接受自己是什麼樣的人，然後擁有完整的自我；我們會去理解這是成長並變成真實自我的唯一途徑，即使有些人可能不喜歡或不同意我們的選擇。當我們選擇與別人比較，則會讓我們把自己當成受害者，放任自身處境定義我們是誰，我們還會聚焦自身弱點，而非慶祝眼前的機會。

我在攻讀品牌打造課程期間學會了要在意想不到的地方找靈感。舉例來說，如果你正在為某家餐廳打造品牌，不要埋頭在食品業找靈感；相反地，你要這樣想：「要是蘋果、網飛、亞馬遜或特斯拉開了餐廳，會是什麼風格？」現在，你拿科技、娛樂及汽車產業大品牌和自己手上的品牌相提並論，這會幫助

你做出差異化，從該領域的現有品牌中脫穎而出。同樣道理也適用於打造個人品牌。

在你置身的領域中，業界人士有什麼共同特質？假如你忽略這些特質，有意識地透過不同方法行事呢？例如家庭治療師史黛芬妮，她就顛覆了自己的從業領域。大眾對治療師的印象，多半是在專業知識方面帶有某種神秘感，而且對問診時段有嚴格的規定。但是，史黛芬妮決定要讓自己更平易近人，因此她在社群媒體上公開分享自己的心理學知識。她善用 Instagram 回覆網友的個人疑惑，透過這種方法，除了待在辦公室裡收取高額費用，她可以將自己的專業經驗與更多人分享，還能夠天天為她的社群服務。她並沒有選擇只把專業知識留給付她錢的客戶身上，反而是讓自己更親近大眾，並透過 Instagram 帳號 @therapyuntangled 去造福更多人。

當我們追求與眾不同，而非與別人比較時，應該要先找出別人漏看了什麼重點。這就是所謂的「空白地帶」（white space）。

占領空白地帶

空白地帶是未開發的領域，是你的產業領域沒有人在做的事——他們要不是因為過度擔心無法打入特定圈子所以還看不見空白地帶，就是寧可打安全牌，只做前人證明有用的事。**闖入空白地帶需要勇氣、真性情與脆弱。**只有勇敢的人才會發

現並善用空白地帶，而充分運用空白地帶是顛覆產業的最佳方法。當我決定轉換跑道，從美術總監變成專題主講人時，我就是這麼做的。

我展開專題主講人的職涯後，曾受邀至某最大運動網的年度女性大會上登臺演講。這是一個高度男性主導的環境，所以我非常興奮能成為其中少數的女性演主講人。

我的經紀人在查看當天的議程時發現卡拉・哈莉絲（Carla Harris）[4]也是講者，她強烈鼓勵我去聽聽看。卡拉不僅是出色的演說家，更來自我已經離開且下定決心再也不回頭的企業界。從轉換了跑道的那天起，我就感覺自己是全世界最快樂的人。但是當我坐在卡拉身旁，卻毫無把握能對全體員工訴說這段美妙的自雇人生。

我坐在位子上聽卡拉說話，每過一秒就覺得自己又縮小了一號。我整個人都在發抖。會場的冷氣很強沒錯，但我冒汗的雙手證明了我不是冷到發抖。我想到自己得接在她後頭演講，就害怕到發抖。我越聽她的演講，就越是拿自己和她比較，直到我開始覺得自己根本就是會場中的頭號冒牌貨，只希望自己不會在臺上被抓包。

無處可躲。輪到我了。於是，我做了自己最擅長的事：跳雷鬼動。

好啦，現在我來把前因後果說清楚。就在這場活動的前幾

---

4 美國摩根史坦利集團副總裁、知名作者。

天，亞當向我下戰帖，要我用雷鬼動舞作為演講的開場。我當然是立‧刻‧拒‧絕！我才不要站在幾百名觀眾面前自顧自地跳起舞來。不過他告訴我，我應該要表現得具有顛覆力、令人印象深刻、勇敢無懼，這樣我才能從第一秒鐘就獨樹一格。他不斷地對著我重複演說內容，最後我實在別無選擇，只能面對恐懼並接受挑戰。

我不只是跳舞而已，還要求在座觀眾和我一起共舞。你猜怎麼樣？沒半個人敢跳。太棒了！因為這就是我們期待看到的反應。現在我可以開始大談舒適圈以及待在裡面有多舒適，就和你選擇黏在椅子上不願意起身跳舞一樣。（嘿嘿，你看到我在使眼色了吧！）

在這場四十五分鐘的演講中，我用盡全力將最好的呈現給大家，不過直到最後我還是不知道，究竟我想說的話有沒有好好地傳達出去。

後來，在開車回紐約的路上，我們收到活動企劃發來的簡訊：「蜜雪兒、亞當，你們願意來參加我們的歡樂時光聚會嗎？我敢打包票，觀眾都很想見見你們，向你們提問。」

我們應該繼續開車回紐約還是轉頭去參加歡樂時光聚會？你會怎麼做？

亞當說：「妳知道，歡樂時光聚會可能會讓妳覺得很不自在，因為妳得到處打招呼，然後停下腳步和一小群陌生人聊上幾句⋯⋯」

闖入空白地帶需要
勇氣、真性情與脆弱。

「我在演講中說過『去做會讓自己不自在的事』，」我告訴亞當，「我剛剛才說過這句話，怎麼可以轉頭就只做會讓自己感到自在的事呢？」

我真的很高興後來我們決定回頭。那天晚上，好多人前來向我致謝，他們都說我感覺就是十足的普通人，而這正是激勵他們相信自己也可以面對恐懼的關鍵。我的老天啊。

那一整天，我的冒牌貨症候群一直想讓我相信，我應該變得更像卡拉，這樣一來大家才會欣賞我；但實際上，我只需要做自己並承認那些讓我展現真性情的特質就夠了。

然後，我的空白地帶出現了！我聽到「妳真是十足的普通人」的次數多到足以令我相信，這就是讓我與他們可能遇到的演說者截然不同的主要原因。除了鼓勵他們欣然擁抱自己的恐懼，我也給了他們能夠引起共鳴的對象。

你心目中的卡拉是誰？你不停比較的人或團體是誰？與眾不同並打敗冒牌貨症候群的最佳方法，就是找出自己的空白地帶，並好好把握讓我們脫穎而出的特質。

我肯定自己，因為……

我們總是不斷關注團隊或班級中那些更聰明、更努力、更好看、更風趣、更快樂、更有錢的人。也就是說，我們傾向看

見別人的特質，卻對自己的視而不見。

　　警告：接下來是不怎麼舒服的練習。跟著我說：放・馬・過・來。

練習

　　我知道你喜歡苛責自己，挑剔自己的所有小缺點。我也很喜歡把自己批評得體無完膚。不過，接下來的五分鐘，我想要你專注回想那些讓你覺得自己很棒的事。因為當我們越是向外看，越想成為某個人，就越偏離真實的自我，也越容易感到不快樂。所以，我想請你寫下十件讓你覺得自己很棒的事。對，十件。我不是要你寫下獨一無二、與眾不同、非同凡響的答案，而是會讓你每天都為自己感到驕傲的事，好比總是準時赴約、當個好女兒或兒子、挺身而出為自己說話，或是很擅長看見他人的美好。你也可以納入一些自己最引以為傲的特質或成就。這個練習也許有難度，也許讓你不太自在，卻是向前邁進不可缺的。

　　這個練習是 Google 發起的，原創者是安娜・薇娜（Anna Vainer）與安娜・薩索琪妮（Anna Zapesochini），目的是賦予女性與少數族群能量去讚美自己在職場或其他方面的成就，進而打破謙遜規範與玻璃天花板。這個練習的用意是希望向參與者強調在職場中自我提升的重要性，並給予他們得以發展這項技能的工具。

我肯定自己，因為……

→ **這是我寫下的某些答案：**

我肯定自己，因為我每天都用心維持健康的婚姻。

我肯定自己，因為我熱愛生活。

我肯定自己，因為我在異國成功了。

我肯定自己，因為我將批評當作成長的方式。

我肯定自己，因為我接受最真實的自己。

現在，請去找兩三個和你關係親近的人，請他們說出幾個你應該要為自己感到驕傲的事。請不要告訴對方你的答案（至少在他們分享自己的看法之前不要）。他們的答案可能會讓你驚訝不已。

接受自己 vs. 愛自己

接受自己：我們選擇欣然接受自己無法改變而且可能不太喜歡的特質。比如說，我希望能打掉重來的部分有：我必須戴眼鏡才看得見、總是讓我抓狂的小痣與雀斑、痛點太低、矮小的身材。但是呢，我喜歡的自身特質必須與我的不完美共存，才能形成既真實又完整的我。**能夠全然接受自己真實樣貌——不完美才是完美——的人，也更接近真正的幸福。**

愛自己：我們想要成為最美好的自己，儘管在過程中可能會感到不適。我們理解自己有無法改變的地方，好比聲音、身高、遺傳、性向或膚色。但是，也有很多地方是我們可以努力改變的，而那需要我們全然地愛自己才做得到。比如說，如果不想當個自私鬼，你可以試著改變；如果不喜歡自己消極悲觀，你也可以試著改變。你還可以朝著更健康、更謹慎、更堅定、更靈活的目標努力。努力改變自己沒什麼不對。**自我改進不代表我們不接受自己，它代表我們願意讓每一天都變得更好一點。**另外，持續改進會為我們帶來目標。我們希望明天會更好，因為我們知道自己能夠好好把握生活，而非成為當下情境的受害者。

還有件很重要的事，**你的所有改變都是為了自己，而不是別人。**如果你對自己的體重、髮色、打扮沒意見，那就不該做任何改變。如果你身邊有個人動不動就告訴你應該改變，你可以試圖向對方解釋，你其實很喜歡自己現在的狀態，因此希望

對方也理解並尊重你。不過，如果對方想要更快樂，或許就該去跟不同圈子的人打交道。相信我，你也應該這麼做。

說到底，你永遠無法取悅**所有人**。不如先從取悅自己開始做起，行有餘力再顧及他人。

你願意欣然接受自己的一件事是什麼？（接受自己）

_____

_____

_____

接下來幾個月你想改進自己的一件事是什麼？（愛自己）

_____

_____

_____

打造自我品牌

打造自我品牌是一門藝術，你得完全了解自己是怎樣的人，並且鼓起勇氣用最真實的方式向全世界展示自我。無論你選擇成為什麼樣的人，請自信地堅持到底，並確保生活中的方方面面都與之產生共鳴。

如果你想更澈底了解自己的個人品牌，請把握這個機會檢

視自己的內心，並明確地定義出自己的**價值觀、調性、獨特銷售主張**（unique selling proposition）。這些要素會幫助你更了解自己的真實樣貌，同時也會帶來勇氣，讓你隨時隨地都能展現真我。

價值觀

這是一切的起點。我們的價值觀定義我們欣賞與相信的人事物。儘管我們能夠區分出一百萬種不同的價值觀，每一個人其實只有三或四種核心價值觀，而這些就足以左右他們大部分的決定與行為。

你的價值觀不只定義你絕大部分的個性，還會幫助你做出各種決定、排出你交友的輕重順序、你會去哪些地方，甚至是你的穿著打扮、聽什麼音樂、閱讀什麼作品或觀看什麼節目。所有事情都必須與你的核心價值觀保持一致。假設你的核心價值觀是保護動物，我強烈希望你不要吃肉、不要穿戴動物製品，或者也不要看鬥牛節目。

有些人比其他人更珍視家庭，有些人則是看重穩定感、財富或正直。我仔細觀察過周遭朋友，也檢視了自己與他們的關係，我發現那些關係親近的朋友也與我擁有相似的核心價值觀。

打從我第一次得知這個概念起，前後花了大約兩年去釐清和明確定義自己的核心價值觀。不過，我評估自己的決策過程後總結出一個結論：雖然我重視很多東西，但真正左右我言行

舉止的只有四個核心價值觀：

一、真誠：讓我與其他人做出差異化，並隨時符合個人品牌形象的需求。

二、透明：讓我敞開自我分享生活點滴，並使我真實、真性情、好相處的意念。

三、勇氣：讓我每次都選擇成長而非安逸，並忍受不適以達成目標的決心。

四、好設計：身為設計師，這個價值觀會讓我因為商標、品牌、食物擺盤而踏進某些餐廳。聽起來可能有點膚淺，但我無法否認自己就是這樣子。我就是很在意設計、排版、顏色、文案和整體創意。

對了，核心價值觀是會改變的。雖然真誠、透明與好設計從我年輕時就是我的核心價值觀，勇氣卻是幾年前我才刻意培養的。有趣的是，我此生從來沒想過自己有能力展現出這個價值觀。其實，我很確定自己用勇氣取代了安逸的價值觀，畢竟這兩者是無法共存的。你要不是珍視舒適安逸，就是看重勇氣。

現在，我想請你從接下來的圖表中圈選三項對你而言至關重要的價值觀；同時，我也想請你再多圈選一項：你真心渴望自己能擁有的價值觀。如果這些預設的價值觀不符你的期待，那就列舉一張自己專屬的清單吧！

價值觀

準確性	真誠	冒險	平衡
簡約	合作	連結	同情心
勇氣	創造力	紀律	卓越
倫理	信仰	自由	友誼
幸福	體貼	健康	幽默
正直	正義	風格	愛
感恩	家庭	忠誠	熱情
力量	安全感	穩定	透明
財富	責任感	社群	多元性
平等	誠實	同理心	風趣
包容性	尊重	無私	樂觀

　　找出核心價值觀後，你需要定義出自己的調性。

調性

　　我們的調性型塑我們言行舉止的個人化風格，是我們本體的重要部分。試想一下，若是由以下幾位名人發揮看家本領講述《小紅帽與大野狼》的故事會怎樣：

美國知名脫口秀
《艾倫秀》主持人
艾倫・狄珍妮

英國男演員
薩夏・拜倫・柯恩

美國名廚
茱莉亞・柴爾德

美國前總統
唐納・川普

　　這幾位分別會透過什麼方法或調性來讓故事聽起來有他們的風格呢？

　　艾倫可能一開口就振奮人心，語調聽起來有點像動畫電影《海底總動員》與《海底總動員2》裡由她配音的多莉。她一定會帶著大大的笑容述說故事，即使餓得發慌的大野狼令人不寒而慄。我甚至可以想像當她發現整個場景有點荒謬，終於忍不住歇斯底里大笑的畫面。

　　茱莉亞・柴爾德則會用溫暖的聲音來說故事。她的語調會令人感到安慰與放鬆。最後我們會哭成一團，真心相信自己已經學到教訓，然後滿心期待可以品嘗她拿手的美味蘋果派。

　　薩夏・拜倫・柯恩在講述整個故事時，或許會帶著讓人捧腹大笑的口音在幾個角色之間來回切換。他會栩栩如生地扮演大野狼、小紅帽和奶奶這幾個角色，而且完全不會搞混。另一方面，我們很可能會嚇到尿褲子。大野狼的口音肯定是他最擅長的芭樂特[5]原音再現。

5　喜劇電影《芭樂特：哈薩克青年必修（理）美國文化》的主角。

川普則是會單調到不行，或許每個字還會重複五遍，然後大談他的個人觀點，像是小紅帽為什麼應該築起一道牆之類的。

　　你會怎麼講述這個故事？你的語調聽起來會是帶有喜感、振奮人心、充滿希望、嚴肅、機械化、帶有詩意、充滿自信、冷靜淡定、天真無邪還是笨拙生澀呢？

　　請在此處寫下幾個描述你個人語調的字眼：

_____

_____

_____

_____

_____

獨特銷售主張

　　你的獨特銷售主張就是將你與其他人劃分開來的關鍵。這是我當年在廣告業打滾時學到的概念。

　　每當我們接到銷售產品或服務的任務，第一件事就是要找出獨特銷售主張：客戶希望我們突顯這項產品或服務的哪些特色？

　　舉例來說，在提到溫蒂漢堡時，我們會強調方形而非圓形的外觀。我們有時候也會突顯它永遠用現宰肉，絕不使用冷凍肉的事實。我們永遠找得到特點來吸引不同的受眾群體，讓溫

蒂漢堡在同業中顯得獨樹一格。我現在還是繼續沿用這招，但不是為外部客戶服務，而是為了自己和我最真誠的個人品牌。

我的獨特銷售主張是什麼？

經歷過卡拉那件事後，我便開始問自己這個問題。我決定列出清單，總結所有成就我這個人，並且幫助我從其他專攻企業聽眾的演說家當中脫穎而出的事物：

一、生活在美國，我會說**我有口音**，而且聽者往往無法分辨來自何處。專題主講人這一行其實沒有太多國際人才，這一點有助我脫穎而出。雖然許多講者覺得有口音挺丟臉的，但我很引以為傲。我相信口音讓我聽起來比較有趣一點。（移民大哥、大姐，這句話就是對你說的！坦然面對你的背景、坦然面對你的文化、坦然面對你的口音，請為自己感到驕傲。這樣的你很美好，而且無論你身在何處，都會因此發光發熱。）

二、在同樣條件下，現在我會在每一場演說的開場與結束時**跳一段雷鬼動**，充分展現我的拉丁舞姿（有天我會因此登上實境舞蹈選秀節目《與巨星共舞》。有夢的女孩最美，對吧？）跳舞是勇氣的象徵，對我想傳達的訊息有加分作用。我在演說尾聲都會邀請所有觀眾站起來扭腰擺臀。真・的・超・好・玩！

三、有鑑於我曾經擔任美術總監，**每次我在設計簡報時總是會全力以赴**，為觀眾提供強大的視覺體驗。這麼做不只有助我的演說內容更令人難忘、更能製造驚奇，甚至更容易內嵌在Instagram，觀眾總會拿起手機拍下每一頁簡報與同儕分享。

四、身為專題主講人，**我看起來相對年輕**，因此我更加重視不費力的美感這個概念。我努力試著不要看起來太努力，因此會避免假睫毛、又緊又不舒服的洋裝或閃亮亮的高跟鞋。我追求休閒卻時尚的打扮。

五、除了所有肯定有助我的個人品牌與訊息打造出清新感與真實感的事物，我還有獨一無二的故事可以說，而且它完全超乎我曾經學過或研究過的所有事情。**我直球對決一百種恐懼的經歷**就是只有我可以暢所欲言的故事。

你是否細想過自己的獨特銷售主張是什麼？答案不只一個嗎？那更好！有時候你的獨特銷售主張很可能混合了好幾項事物，而那恰好就是讓你與眾不同的特質。

舉例來說，如果必須用一段話來總結我前面提到的所有要素，並且定義自己的獨特銷售主張，我會說：「蜜雪兒是一位擁有鮮活手段與獨特故事的國際專題主講人。她的演說引人入勝，會讓滿屋子觀眾拍下她多采多姿的簡報，為她自嘲卻又真實到不行的影片捧腹大笑，然後筆記下她下定決心追逐恐懼並顛覆人生後，一個接一個意料之外的人生體悟。」

如你所見，我使用非常具體的形容詞描述我是誰、我做了什麼、我怎麼做以及我為何而做。

我的獨特銷售主張是：

_____

_____

你已經找出了自己的個人品牌，也就是你的價值觀、調性和獨特銷售主張。現在，我想問你：你能不能鼓起勇氣，充滿自信地把自己推上人生舞臺，讓全世界認識你究竟是個怎麼樣的人？

你就是品牌

　　我不是想要把你改造成影響者（好啦，我可能有點想）。不過你不妨這樣想：要是你是某個品牌，你希望為這個世界帶來什麼價值？在你回答之前，請務必閱讀美國歷史小說家史帝芬・裴斯菲德（Steven Pressfield）在著作《藝術戰爭》（The War of Art）裡的這段話：

> 你是天生的作家嗎？你生來就注定要當畫家、科學家
> 或和平使者嗎？到頭來，只有你的行動才能回答這個
> 問題。

要就去做，不然就什麼都不做。

要是你本該治療癌症、譜出交響樂章或破解冷核融合之謎，卻從未起身行動，你不只傷害了自己，也傷害了你的孩子，也傷害了我，也傷害了地球。

創造性傑作不是自私之舉，也不是演員博取關注的籌碼，而是獻給全世界與地球生物的一份大禮。請不要對我們欺瞞你的貢獻。請把你的成就賜予我們。

——史帝芬·裴斯菲德

現在，親愛的讀者，我們再回頭談談你吧：你真正擅長而且厲害到其他人都可以從你的專業知識中獲益良多的看家本領是什麼？如果你是髮型設計師，你大概對我毫無概念的頭髮養護很有一套；倘若你是營養師，你絕對知道所有我求之不得的小訣竅，能夠煮出更健康的餐點。假如你是婦產科醫師，你可以分享研習多年累積的所有生育建議，我確定許多把生育計畫延後（和我一樣）的三十歲族群會很想聽聽你怎麼說，至少，我很想聽！

但是，你能不能鼓起勇氣，充滿自信地把自己推上人生舞臺，好讓所有人見識你的實力？假如此時此刻我能讀你的心，我敢說現在你滿腦子想的大概是「全世界有成千上萬名髮型設計師、營養師與婦產科醫師正在創造珍貴的連結與內容，而且都做得有聲有色」。我說中了嗎？你想的都沒錯，但是這些人都不是你，他們不曾體驗你的人生、不具備你的性格，也不曾

擁有你呈現在世人眼前的各種特質。你或許稱不上是「最出色的」，但你絕對可以透過自己的聲音分享許多價值。一切都與說故事有關。

說故事

我在視覺藝術學院求學時的教授湯姆・蓋利耶洛（Tom Guarriello）曾經與我們分享過一句詩人穆瑞爾・洛基瑟（Muriel Rukeyser）說過的話：「組成宇宙的不是原子，而是故事。」我們所有人都可以在同樣的時間說出相同的話，但是真正會引發人們共鳴的不見得是內容本身，而是我們分享的方式。

當你開口發出最真實的聲音，與全世界分享最真實的自我時，講述自己的故事就是你最不需要花時間考慮的事。因為重點不在於你分享的內容，而是你分享的方式。你知道此時此刻有多少人正在討論恐懼這個主題嗎？多到數不清。但是，沒有人討論的方式和我的一模一樣。

如果我想要激勵你去做特定的某件事，舉例來說，鼓起勇氣向老闆要求升遷，我會直指重點，列舉所有你應該放手去做的原因。或者，我也可以說個生動的故事，告訴你我是如何辦到的，然後再與你分享曾經幫助我完成這項任務的具體事項。這麼做的話，別人會更願意聽你說話、接受你的訊息，並為你想銷售的想法或產品買單。

說故事的能力可以用來寫電子郵件以取得某個你想要的東

西；也可以在撰寫社群媒體或部落格的攻略文章時派上用場；甚至當你試著在 eBay 出售某樣東西時也很有用！你不信嗎？

搬到紐約以後，我和亞當發現我們再也不需要車子了，亞當決定賣掉他愛到不行的絕美雪佛蘭大黃蜂。他在 eBay 上貼出拍賣文，附上專業的攝影照片與詳細的規格介紹。結果毫無音訊。完全沒有。因為 eBay 有太多人都想用一樣的價格販售同一款車。

一個月後，我問他要不要讓我試試看用我的方式賣車。他在無奈之下接受了這個提議。我決定製作一個好玩的影片，講述亞當有多愛這輛車，我們這對夫妻多虧有這輛車才能打造出所有美好的回憶，以及亞當對於必須賣掉愛車有多麼捨不得。

亞當覺得這個方式完全不行，我等於是公然向潛在買家透露我們有多常使用這輛車。亞當問我：「誰會想要買一輛被操過頭的車？」

兩個小時後，有個住在北卡羅萊納州、六十五歲的老先生寄了封出價電郵給亞當。他說：

> 亞當，我看到你在 eBay 拍賣大黃蜂。看起來還不賴。不過我想要補充一句，我對夫人製作的影片印象深刻，至今已經反覆看三十遍了。
>
> 這段影片讓我想起內人與我的新婚時期，那時我們買了一輛一九六七年出廠的敞篷式大黃蜂，當作我未來的大學「畢業禮」。那可是不得了的大事，因為我們

結婚時我還在念大學呢。但就和你一樣，人生旅程總有變數，我們的家庭日益壯大，最終這輛敞篷車也不再合用了。

你們的影片發揮行銷魔力，原汁原味地保留住你們兜售的這輛車的傳統價值。很開心看到你們小倆口如此享受生活，就像內人和我一樣。

我期待看見你的回覆。請代我向夫人說聲感謝，她讓一些美好的往日時光再次躍然眼前。

　　網站上還有二十多輛大黃蜂正以同樣價格等著有緣人，而這位買家選擇買我們的車。他與亞當至今仍是好朋友。我則是再次感受到以下事物的力量：

🐝 找出空白地帶。
🐝 選擇與眾不同，用自己的方式行事。
🐝 透過說故事來傳達訊息並與他人產生連結。
🐝 相信自己以及那些讓我們肯定自己並成為真實自我的事物！

第四章　懶 / 人 / 包

請造訪網站 hellofearsbook.com。你會發現本章最吸睛活動。

→ 閱讀我寫給美國薩凡納藝術設計大學的原始申請信函。

→ 閱讀我的辭職信。

→ 瀏覽我申請視覺藝術學院的作品集。

→ 收聽和卡拉・哈莉絲有關的 Podcast。

→ 閱讀史帝芬・裴斯菲德的著作《藝術戰爭》。

→ 觀看 Google 拍攝的「＃我肯定自己」影片。

→ 收聽我和喜劇演員好友喬安娜・豪斯曼（Joanna Hausmann）
　在共同製作的 Podcast 中討論接受自己。

→ 閱讀金卓拉・霍爾的《誰會說故事，誰就是贏家》。

→ 觀看我幫亞當在 eBay 兜售大黃蜂所製作的影片。

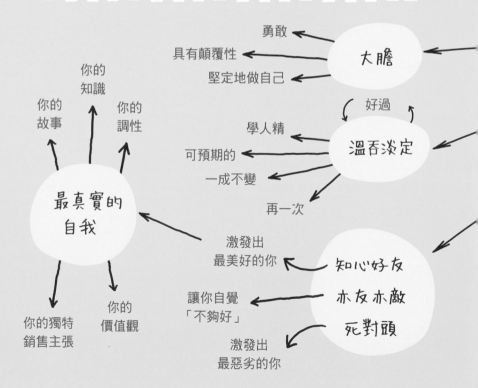

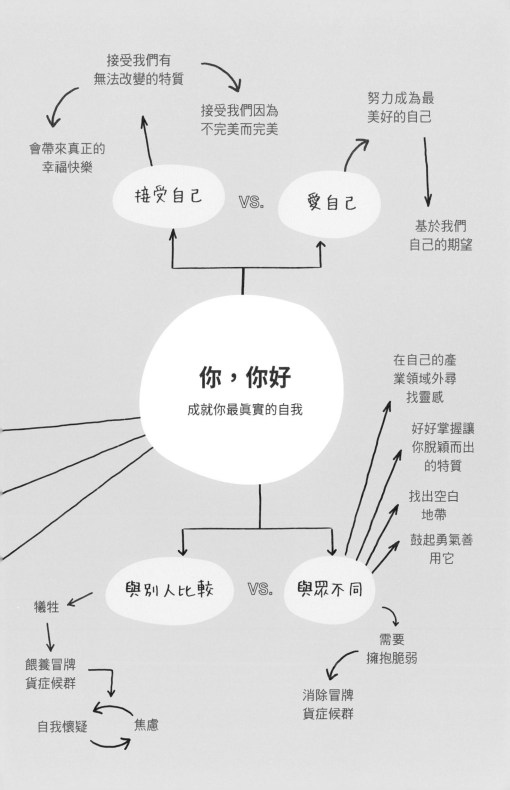

第五章

酸民，你好

展現自我與處理負評

我此生都夢想做一件有意義的大事，而且是報章雜誌會關注的那種。我完全不知道將會是什麼事，但這一直是我告別人世前想要完成的個人目標。

　　就在那天，我做到了！

　　我代表《每日郵報》來與您聯繫。我們超喜歡您的「百日無懼」計畫——我自己也想挑戰其中幾項！我們想要寫一篇相關文章刊登在網站上，我們想詢問能否使用您的部分影片來剪輯成與文章一起刊登的短片？（我們認為這是整個故事不可或缺的一部分！）我們會向全世界幾百萬用戶推廣這個故事。

　　這段文字摘錄自二〇一五年五月十九日《每日郵報》寄給我的電郵，剛好是百日計畫的第四十四天，**那天我直球對決就連我也不知道自己在怕什麼的恐懼：爆紅**。

　　那一刻，我並不害怕，只是嚇傻了。這完全不在我的預期之中，所以我整個人愣在那裡，腦子一片空白。幾個小時後，我的故事不僅出現在《每日郵報》這份英國最受歡迎的刊物，更出現在其他幾十個網站上。

　　當時才早上九點，我已經快被嚇死了。

　　我只想待在家裡好好消化剛剛發生的事，但我還是得去上班。老闆希望我交出一份某間連鎖超市促銷活動的企劃，還有一則美妝品牌的社群行銷貼文。啊啊啊！

與此同時，我的收件匣被一大堆不是我老闆傳來的電子郵件給灌爆了。

信箱狀態：已滿

> 蜜雪兒，妳好。我是來自波蘭的馬欽。妳的故事很鼓舞人心。我真希望向妳學習如何面對恐懼。我總是很想要到處旅行，但又很怕搭飛機，妳有任何建議嗎？以下是我想看到妳挑戰的恐懼：在紐約市一家美輪美奐的飯店舉行婚禮！

我在自己的網站上公開發表自己尚未完成的恐懼清單，還附上一段文字：「我仍需要更多想法來完成這張清單。如有任何建議，請發信給我。謝謝！」我也放上了自己的電郵地址，人們都注意到了。我開始接到各國網友一封又一封的訊息，大多是說他們讀了我的故事以後受到了多大的鼓勵，幾乎所有人都與我分享已知或自己所面臨的恐懼，讓我考慮加入清單裡。我的故事與影片正在全世界流傳。

有趣的是，在鏡頭前開講正好是我還沒準備好要面對的其中一種恐懼。我的影片只有音樂、文字與不曾開口說話的臉部表情。當我逐一瀏覽所有從巴西、澳洲、西班牙到臺灣等地被激勵的網友心聲後，我才發現各國鄉民有感且理解的原因，我

意識到**恐懼的語言放諸四海皆準**，無論我們來自何方、年紀多大，都會對這種情感產生共鳴。

我知道你現在腦子裡在想什麼：那天應該交出去的超市促銷活動企劃與社群貼文呢？

我沒有交，我生不出來，我怎麼可能還有心處理？我只想站在擁擠的辦公室中間，發神經似地大喊：我・在・網・路・上・爆・紅・了！

「蜜雪兒，我男朋友在西班牙，他說廣播節目都在討論妳！他原本在開車，還特地停下車來，反覆確認自己沒有聽錯。真是太好笑了。」我開始收到世界各地的友人傳來的訊息。

想想看：當我絞盡腦汁發想連鎖超市促銷活動與美妝產品社群貼文的時候，我的名字與故事正在全世界廣為流傳，這真的完全超乎我的預期。要是剛好有人同時看到我的美妝品牌貼文和這則故事，那會是什麼狀況！

當時是上午十一點，不僅有四百多封來自陌生人的未讀郵件，還有十幾封老闆發來的郵件（他很不高興）想知道我的完稿檔案在哪裡。

那個當下，我開始篩選出重要郵件，這樣才不會漏信。美國有線電視新聞網、《赫芬頓郵報》直播網、西語媒體環球電視網、《CBS週日晨間新聞》、福斯新聞以及俄羅斯第一頻道都寫信來問我能不能與他們舉行現場實況採訪，最好是選在我挑戰下一個恐懼的期間。

我的天啊！我的天啊！我的天啊！我的天啊！我的天啊！我的天啊！我的天啊！我的天啊！

普通

我一直很想知道，當看到自己出現在新聞畫面時，我會有什麼感覺。這肯定是我的＃人生目標，但真的從沒想過有一天會成真。當這一天來到，我的感覺卻不如預期。

我以為到處都能看到自己的臉時，我會感到：

☐ 超不真實
☐ 有點奇怪
☐ 不太尋常
☐ 讓人驚訝
☐ 讓人興奮
☐ 讓人困惑
✓ 以上皆是

但不知道為什麼，那感覺……很普通。

普通？等等，什麼？……也不是很普通啦，但沒有我想的

那麼讓人心滿意足。那種感覺就好像我知道某件事即將發生，也好像我早就經歷過了。當我在這些超棒的網站上看到自己的臉時，我並不是很驚訝，也絲毫不覺得奇怪。

我反而覺得⋯⋯好空虛。

我心想，搞什麼鬼？我不是一直很想實現這個目標嗎？現在真的實現了，我竟然沒什麼感覺。看見自己的臉占滿各大版面並沒有帶來充實感，因為我沒有看見自己帶來的影響。這件事只有我單方面得到了關注，根本不夠。

但是，有一件事倒是讓我挺心滿意足的。閱讀來自世界各地、對我的恐懼感同身受且需要我幫忙的網友來信才真的帶來超不真實、讓人興奮、讓人驚訝等前述所有感受。**我生平第一次感受到一股莫名想要幫助他人的需求。**我想要親自回覆每一封信並告訴對方：「我以前也和你一樣。實際上，我到現在還是很害怕！但是放手一搏就對了。你的夢想也值得實現。如果你需要我，我就在這裡。」

說真的，我確實很高興能得到關注，還有機會能站在各家新聞網的攝影機前面對恐懼。《CBS 週日晨間新聞》拍下我挑戰高空盪鞦韆的畫面；福斯新聞陪我一起站在時報廣場到處與陌生人來個愛的抱抱；還有環球電視網與我一同幫助有需要的人，那感覺是挺酷的。看到自己的故事被好萊塢男星艾希頓・庫奇、女星蘇菲亞・薇格拉、日裔男演員喬治・武井、女演員柔伊・黛絲香奈和饒舌歌手小韋恩等名人到處分享，那感覺超酷的。艾希頓・「酷」奇的社群媒體經理竟然認得我的名字！

雖然那陣子新聞沸沸揚揚、引人注目又魅力無窮，但意識到我的行動正在激勵別人才是真正令我感到眼界大開和自己具有影響力的事情。雖然爆紅的感覺很棒，但我發現自己希望爆紅都是為了某一個**目標**。

你一定很納悶：爆紅到底有什麼好怕的？那不就是妳夢寐以求的嗎？

網路酸民

告訴你一則有趣的事實：當你爆紅了，你得到的不見得都是自己所盼望的愛與支持。我天真的以為，爆紅只會帶來讚美與認可。我想像中的爆紅，應該像是置身於棉花糖做的粉紅色夢幻雲彩中……蓬蓬的、甜甜的，很完美。

你聽說過「酸民」嗎？酸民是一群熱愛攻擊或辱罵他人的仇世狂，他們活在網路世界裡，隱身在螢幕後方，專門把別人的生活搞得慘不忍睹。他們就好像漂亮的白色洋裝上的汙漬，只要沾到了，就再也無法視而不見並移開眼光，無論這件洋裝有多好看或多昂貴；這塊汙漬變成了你的焦點。雖然我在臉書上的文章得到了成千上萬個讚、愛心與好評，我總是無可避免會緊盯著尖酸刻薄的負評，然後感到自己很脆弱、被誤解或被惹怒。

青年演說家亞力．傑克森（A'ric Jackson）為仇世狂下了一

句很有趣的定義：

> 仇恨
> 世人獲得成功的
> 狂熱分子

說得很對。

「不要看！」、「蜜雪兒，不要在意刻薄負評。」我身旁的友人會這麼對我說，但是我現在全心投入面對恐懼的事業，**對恐懼視而不見似乎不是正確的選擇。**

面對負評

我決定盡可能列出所有負評，並透過 YouTube 影片對著鏡頭一則接一則念出來。要是我得正面對決負評，就必須採取正確的方式。我這麼做的用意就是回應負評，並且讓大家看清楚負評的真面目。

> 「首先，她竟然有這麼愚蠢的恐懼，真可悲。難怪一直到她克服恐懼為止，都沒辦法好好享受生活。」

「每天都有好幾千人在克服恐懼，只不過他們不會拍下自己的行為。真是笑死人了！她就是想紅啦！」

「從前有個小女孩……她住在該死的洞穴裡……」

「有錢或有閒做那種事真好。要不要試試看百日求職計畫。」

我有工作！我當時白天有正職，晚上要念書和克服一百種恐懼，而且還快破產了。真的很讓人沮喪。我甚至不知道回覆這些人好讓他們知道真相到底有沒有用。對，我曾經住在該死的洞穴裡，但這個洞穴叫做舒適圈；而且我面臨的是正當恐懼，這些恐懼妨礙了我充分享受自己的人生。

我只不過是想為了自己、老公與將來的孩子，變成一個更勇敢的人。

我意識到自己之所以很難讀完那些留言，是因為我覺得自己被挑戰了；我猜測自己在某種程度上覺得他們是對的；在那之前我所面對的恐懼，或許只脫離了舒適圈30％而已。不過，也是時候挑戰更大膽、更不容易的恐懼，並且讓計畫進到下一個層次了。我想要證明這些人說錯了，想讓他們親眼目睹這個計畫是來真的，而且我超認真的。也或許，我只是想要向自己證明我做對了。

我深深吸了一口氣，心想：你以為這一切只是一場笑話嗎？你覺得我的恐懼很蠢嗎？你認為我只是在做你每天都會做的事嗎？看好了！

那一天是我的重大轉折點。我決定挑戰自己最大的恐懼，包括：

　　☐ 指捏多毛毒蜘蛛
　　☐ 辭掉工作
　　☐ 機上跳傘
　　☐ 表演單口相聲
　　☐ 為素描班擔任裸體模特兒。
　　（我知道你想說什麼，繼續讀下去啦。）

　　讀著這些刻薄的評論讓我意識到，自己應該採取行動，超越自身勇氣，承擔起更大的責任了。現在，人們希望我直球對決被拒絕、獨自旅行、被狗圍繞、公開演說等恐懼，這樣他們就會被鼓勵而去做相同的事。

　　酸民阻止不了我，反而推動我向前邁進。他們在我的心中點燃了一把火。

　　「如果我不曾展現自我，這一切都不會發生。」這句話我對自己說了兩次。第一次是在看網路酸民的留言時，我感到忿忿不平；第二次則是在讀深受我影響的網友回饋時，我內心滿是敬畏。

過度展現自我？

我們打從展現自我那一刻起，就把自己一手打造的傑作獻給宇宙。沒有什麼事會比看到有天賦的人才隱身在負評的恐懼背後更讓我感到沮喪了。我認識明明超會唱的歌手，卻從來只肯在浴室，喔，還得要室友不在家時才肯唱歌。我也很佩服那些將作品收藏在外接硬碟的天才攝影師、將優美的文集壓在枕頭下的作家，還有料理足以摘下米其林星星卻只為家人做飯的老奶奶。

我們不想看到自我受傷，所以沒有必要讓其他人知道太多。對吧？因為……如果我們做的不夠好怎麼辦？如果我們沒有自己想像中的那麼好又該怎麼辦？如果有好幾千人都在做一樣的事，為什麼還要做？為什麼要沒事找事呢？這些深植在我們腦海裡的懷疑，皆來自於對他人評價的恐懼。

就連我在寫這本書時，也是每寫兩行就懷疑自己：「如果我正在寫的書很沒營養怎麼辦？我又不是作家，究竟能寫出什麼價值連城的內容？又是一本和恐懼有關的書，好喔，到底有誰會想讀？」

但我還是繼續寫這本書，一個字接一個字，一章接一章地寫下去。我選擇傾聽腦海中的另一個聲音，它告訴我：「就算市面上有一百萬本探討恐懼的書，但它們都不是妳的心聲、不是妳親身經歷過的故事、不是妳輕鬆愉快的語調，也不是你的人生課題與理論。也許有些人不喜歡這本書，但其他人可能會

愛不釋手，甚至可能改變他們對恐懼的看法。這本書也許不會成為暢銷書，但誰知道會不會大大改變某些人的人生？堅持下去，讓未來的妳以此為傲。」

有哪一件事是你很有把握和別人分享一定會大受好評的呢？如果我告訴你，這件事很可能改變你的人生、你的職業、你的可能性——更棒的是，它甚至可能改變他人的人生，你會怎麼做呢？

你看過電影《波希米亞狂想曲》嗎？如果沒有，請立刻闔上這本書，先去看電影再回來這裡。我是認真的！但是請記得在這一頁做個記號，這樣你才知道要從哪裡接下去讀。我看了兩次。一次是在電影院，佛萊迪墨裘瑞的死讓我哭得唏哩嘩啦；第二次則是為了不同的理由哭。

那一次，我正在飛機上看這部電影，我開始欣賞這位不可思議的人與他的一生。我會說他的音樂讓我的生活變得更美好。我很開心能夠了解皇后合唱團崛起的歷程，以及墨裘瑞是個怎樣的偶像。然後我開始思考，假如墨裘瑞當初讓他的自我懷疑得逞了會怎樣？假如他當初聽信了邪惡的聲音會怎樣？那個聲音似乎存在於所有人的腦海中，告訴我們自己不夠好、不夠格、不夠好看或不夠獨特。如果他當初聽信了那個聲音，我們就無緣欣賞他驚人的才華，這個世界就沒有〈我們是冠軍〉（We Are the Champions）、〈找個人來愛〉（Somebody to Love）或〈波希米亞狂想曲〉（Bohemian Rhapsody）了！然後我又想到，要是才華洋溢的音樂家聽信那些聲音，然後打退堂鼓、留

在舒適圈、逃避所有負評的話，這些歌曲從來都不會被公開。想著想著我就哭了。

所以，讓我們為墨裘瑞與他的信心大聲喝采吧。儘管他的父親百般不贊成，擔心社會可能用異樣眼光看待他或他所愛的人，他仍然選擇站上舞臺發光發熱。但願我們所有人都能更像墨裘瑞一點。

勇敢的靈魂

當我們放膽展現自我，我們會變得超級脆弱。那種感覺真的非常恐怖。可以說，**展現脆弱就是表現勇敢**。因為一旦我們邁出腳步，就等於把自己推上舞臺，什麼事都可能發生：我們不是得勝就是失敗，而且無論哪一種結局，討厭你的酸民就是會討厭你。

在大多數情況下，我們會愣在那裡，滿腦子想的都是那些足以證明你我心中最深層恐懼——自己不夠好——的反對意見或負面回饋。但我們沒有想到的是，在許多人眼中，光是把自己推上舞臺，這一步就已經成功了，因為許多人也想要鼓起勇氣展現自我，但就是做不到。還有許多人以前就走過你走的路，因此完全明白你當下的感受。我稱呼這些人為「勇敢的靈魂」。正在讀這本書的你也是其中一員。

我的想法是，酸民就是能夠找到理由討厭你，但無論如

何，一定也會有勇敢的靈魂關注著你，無論你的努力最後得到什麼成果，他們都會欣賞你的勇氣。我自己就是勇敢的靈魂，每當我看見有人站在鎂光燈下與全世界分享他的才華時，總是立刻佩服到不行。撇開才華不說，我看見了勇氣、野心、動力和膽量。當我看到別人力爭上游時，最先閃過的念頭總是：「我要如何幫助這位傑出的人？」只要在我眼前展現出十足勇氣將自己推上舞臺，我就會為你加油！

你如何支持身旁其他勇敢的靈魂？你能分享或宣傳對方正在做的事嗎？如果對方的成就還不夠成熟，你能不能提供他們忠告與鼓勵，好讓他們繼續努力，或是為他們牽線介紹合適的導師？一旦你展現自我，勇敢的靈魂一定會看見，並且會在一旁支持你。然後有一天，你也會站在那些踏出第一步的人身旁，給予他們支持與幫助。

當勇敢的靈魂團結起來……酸民，祝你好運！

動力會吸引動力，到頭來成功也將吸引成功。沒有人是第一次就成功的。我總共克服了四十個恐懼才被注意到——我在拍攝、剪輯並發布這四十部影片的過程中，老是懷疑到底有沒有人在意。這是運氣好嗎？還是僥倖爆紅呢？好運又是從哪來的？按照我的經驗，只有我們結合自己擅長的事與自身勇氣，好運才會來敲門。

我最喜歡的百老匯音樂劇《致艾文‧漢森》（Dear Evan Hansen）描述某個男孩總是覺得自己被無視、沒人愛、格格不入；然而有一天，他在全校面前發表了一段強而有力的演講

展現
脆弱

就是

表現
勇敢

〈你會被看見〉（You Will Be Found），這段演講瞬間爆紅，並且讓全世界數百萬青少年終於覺得自己被看見、被理解、不再孤單。那一刻，被觀看人次和好評數嚇到的艾文疑惑：「發生什麼事了？」他的朋友回答：「你辦到了！」

艾文的成功並不是因為他很有才華，而是因為他有勇氣向眾人分享充滿力量的演講，並且讓自己被看見。

事實是，只有讓自己清晰可見，你才會被看見。

被看見

當你真的被看見時會發生什麼事？當你的計畫、想法或歌曲成為熱門話題時，又會發生什麼事呢？你以為要被看見很不容易嗎？做好準備，迎接即將發生的事吧！

「這對她來說很輕鬆啦，她有爸媽可以靠。」

「看看她，多虧了那張臉，她才能走到今天這一步。」

「只要有那個錢任何人都辦得到啦。」

愛忌妒的人最熱衷破壞他人的成功。

當人們將外在條件納入成功方程式，並將結果都怪罪於那些事物時，找理由解釋別人的成功往往很簡單。這種做法讓某些人自我感覺比較好，好像只要自己也站在相同的起跑點，就有能力辦到一樣的事。

愛批評的人很難跳脫這種讓他們心安理得的藉口，進而去

理解某人會成功，全都是因為付出了好幾倍的努力。努力可以讓我們達成所有目標，但前提是必須讓自己持續處在不適的狀態，而只有少數人願意這麼做。

但是，不管你是為了被看見而付出努力，還是什麼都不做，人們都會有意見。

被評論

讓我舉個很貼切的例子：

幾天前，有個朋友打電話給我，說起她與阿姨的對話。喔，有一點要先告訴你，這名朋友的阿姨從來沒有和我說過話。她知道我是誰，我也知道她是誰，每次我看到她都會對她微笑，意思是「哈囉，妳是我朋友的阿姨！」但她總是無視我，眼光立刻轉開。真的超沒禮貌！

我朋友的阿姨告訴她：「妳朋友蜜雪兒結婚六年了，一直都沒有小孩，很可能是因為她生不出來。真是可憐。她一定很痛苦。」

我朋友堅稱根本就不是這麼一回事。她很清楚我的成功歷程，因此試圖向阿姨解釋，生兒育女在我心中的排序是最後一名。但說了也是白說，她阿姨還是很堅持，我實際上就是不孕，而且我不敢承認這件事。這是解釋我當前困境最好用的藉口。我的老天啊，那是當年二十九歲的我做出的選擇。我正甘於成為生活漂流族，心滿意足地和心愛的老公過著從一個地方

旅居到另一個地方的生活。

當朋友告訴我這段對話時，我想到的只有一件事：內容！我可以在網路社團分享這則完美的故事，而且還能強調某個很重要訊息，這個訊息極有可能幫到處境和我差不多的人。

我結婚六、七年肚皮一直沒有動靜，因此被他人用異樣眼光看待，其他人則有可能因為沒有和同居的伴侶登記結婚，或是選擇各界不看好的工作，甚至是打扮成某種風格，就被家人或同儕說三道四。我們所有人都被期望要妥協。當我們不妥協，就等於是給了三姑六婆在背後嚼舌根的好理由。有些人甚至會將我們的成功歸咎於他們不認同或是我們可能無法掌控的情況（因此我們根本不值得被稱讚）。

但是我們必須去做自己覺得正確的事，而且要對自己做出的決定有信心——我們的幸福就取決於此。

「不要為了超出別人的舒適圈而道歉。」
——無名氏

這句話幫助我面對那些對我品頭論足的人。他們會那麼做，純粹是他們需要對自己與膚淺的推測感覺良好。**我們不能讓酸民定義或阻礙我們的成功**，但是也不該對他們的評論視而不見。

我的負評管理策略

聽到別人評斷或批判我的行為時，我喜歡採取以下四個步驟：

仔細傾聽：我會先聽聽他們要說什麼，以及他們如何討論我的生活、我的選擇、我的計畫，或是我這個人。有些假設完全是胡說八道，有些則會幫助我們理解自己不完美。我們永遠都有改善的空間，而認真思考這些不請自來的建議，正是我們變得最脆弱的時刻。這時我會問自己：這是真的嗎？想要回答這個問題，對自己開誠布公很重要。

相信我，沒有人喜歡聽到批評，但我試圖拋開第一時間湧上心頭的怒火，然後不自欺欺人地回答上述問題。說真的，就算評論來自心懷惡意的人，但從中找出事實占了多少百分比還是很重要的。

拉開距離：我會花點時間理解這些發表意見的人。他們從哪裡來？從事什麼工作？做過哪些選擇？如果他們曾吃過苦，是哪些困境定義了他們的人生？這些評論背後的用意是什麼？是希望我變得更好，所以提出具有建設性的批評嗎？還是他們想讓我覺得自己毫無價值，好讓他們自我感覺良好？

這些資訊會讓我更充分理解評論從何而來，也會幫助我與這些話語拉出一段健康的距離。當我了解前因後果，就比較不會放在心上。

做出選擇：我會因為這個評論改變自己的行事作風嗎？還

是會依然故我，因為我對自己超有把握，而且等不及要證明對方錯得離譜？無論哪一種，我選擇的答案都得是基於成長的決定，而非基於恐懼或安逸。假如我決定改變，並不會是出於討好別人或避免招來更多批評，而是因為我意識到自己可以做得更好；雖然這個評論可能很傷人，但它是真心誠意的。假如我決定繼續朝著原定方向邁進，也不會是因為我堅持己見或貪圖安逸，而是因為我相信自己付出的努力，而且正在盡我所能實現自己渴望的結果。

採取行動：持續將批評當作讓自己變得更好的燃料，並且向那些質疑你的人證明你是對的，而他們看走眼了。

我的情況是，聽完朋友分享她阿姨的想法後，我便採取行動將這則故事貼在 Instagram 上與網友分享。接下來有好幾百人寫下了他們被說三道四，以及他們用「謝謝關心，但還是算了吧！」來接話的個人故事。

雖然聽到別人批評我們在做的事可能會很受傷，但其實最嚴厲的批評者卻永遠與我們同在，就在我們的腦子裡。

我的（裸體模特兒）頓悟時刻

就在我執行百日計畫的某一天，一位好友來紐約拜訪我。當時我請她同意出借六個月大的女兒，當作我克服替換拉屎尿布恐懼的道具，她反而挑戰我做一件這輩子從來不覺得自己有

能耐做的事：「嘿，要不要去素描班擔任裸體模特兒？」

我嚇死了（這只是委婉的說法）。我說她是不是腦子有問題，甚至懷疑她到底是不是真朋友。我是說，哪有朋友會說出這種話啦？不過我很快就意識過來，自己的反應擺明了就是害怕接受挑戰。我害怕嗎？我簡直嚇壞了！

我有點氣她竟然把這個想法塞進我的腦子裡。因為這是我從來沒有想過要面對的恐懼，就算我自己還在念藝術學院時，經常得拿起畫筆素描裸體模特兒，這個念頭也從來沒有閃過腦中。不過到了這個地步說什麼都太晚了，這個想法已經生根，我無法視而不見或假裝沒聽到。

那是百日計畫第七十七天的早上，為了做點準備，我做了一件之後萬分後悔的事：去找曾幫我面對恐懼的歐嘉，再做一次巴西式除毛（第十五個恐懼再來一遍）。

就在那個美麗的七月下午，我到了紐約藝術學院。我懇求亞當和我一起入鏡拍攝這部影片，但是當時他說了一句到現在我還是難以置信的話：「妳在開什麼玩笑？我比妳還怕、比妳更不自在。」亞當決定不參與，我只好自己硬著頭皮上場。我進入校園後，那位藝術老師帶我走向更衣室，基本上就是一間空蕩蕩的教室。

老師要我脫光衣服，然後走到隔壁那間學生都在等的房間。你明白那種在醫師問診間脫光衣服的感覺嗎？當時我的感覺就很類似，但糟了八十四倍。我打開攝影機，站在鏡頭照不到的地方開始脫掉一件件衣服。沒錯，也包括內衣褲。然後再

一件件地伸到鏡頭前亮相。讓我鬆一口氣的是，當我從更衣室走到隔壁教室時，身上可以先圍一件大浴巾。

我一走進房裡就看見了某件事，很後悔自己早上為什麼要做巴西式除毛，又為什麼要吃零碳水化合物飲食。在我眼前站著兩名曲線美妙（簡直是凹凸有致）的模特兒，不僅身材很有戲，而且全身毛髮旺盛（真的很多）。當下我才恍然大悟，藝術系學生根本就不想找主流媒體定義的完美體態；相反地，他們想要可以好好發揮畫功的素材。這不是廢話嗎？我到底在想些什麼？突然，全身毛髮稀疏、骨瘦如柴聽起來就是個可怕的主意。我覺得自己做了難堪又愚蠢的事。

這是規定的步驟：我得在十五分鐘內擺出五種不同姿勢。

我站在十幾個完全不認識的人面前，當藝術老師要求我開始時，我只圍著大浴巾。那一刻我覺得超不知所措、超困惑，第一個反應竟然是轉身面向牆壁。當我把浴巾解開以後，我就是無法坦然面對所有學生。

花三分鐘頓悟算是綽綽有餘了。當我開始擺出力量姿勢[6]，對著學生拱起我的裸背時，我很清楚，此時此刻我這個人根本就無足輕重。在座的學生不是要來品頭論足模特兒，而是要來完成任務：無論模特兒是誰，他們都得創造出美麗的藝術；他們並不是在尋找某種特定的體態、膚質或膚色，而是要善用所有技巧呈現眼前所見，並創造出精美的藝術品。這個領悟讓我

---

6 指高舉雙臂或插腰等姿勢。

覺得自己是個大笨蛋。我光是為了擺姿勢、擔心被批評就緊張得半死，完全沒有（連一秒鐘都沒有）停下來想想這些學生和他們的需求。

這個想法幫助我度過整整十五分鐘，而且把這段時間發揮得淋漓盡致。我不再試圖隱藏自己的不安，反而決定要突顯它們：我以怪異的姿勢拱起身體，好製造出陰影與有趣的線條。我不再縮小腹，也任憑身上的痣、雀斑和生長紋一覽無遺。我發揮創意，好提供他們豐富素材創造佳作。

十五分鐘一到，整間教室都開始拍手鼓掌。他們都知道我正在直球對決自己的恐懼，也都看到了我從第一個到第五個姿勢的轉變。在結束時，我覺得他們很為我的處理方式感到驕傲，這一點讓我得到了滿滿的成就感。

不過就在我離開前，最讓我震驚的事情發生了。

當我重新穿好衣服，回到隔壁教室看看成品時簡直不敢置信。就在我很煩惱要把身體給大家看時，有一名學生在這整堂課……只畫了我的臉。

這次的經驗讓我明白，雖然人們真的很愛批評，**沒有人會用我們批評自己的方式來批評我們**。甚至當我們批評別人時，其實是間接在說我們自己，而不是被批評的對象。

比如說，我閨蜜的阿姨其實不是在說我，而是在說她自己。或許她曾有難以受孕的問題，而那就是她花了點時間才有小孩的原因。也或許她的世界就是如此狹隘，認為女人就只該生小孩，而不是去寫書、打造成功職涯或自給自足的婚姻。

沒有人會用我們

批評自己

的方式來

批評我們

當網路上的酸民說我的計畫一點也不激勵人心時，他們其實是在說自己，整天花時間在臉書上觀看一部又一部影片，然後貼出一篇又一篇充滿負面能量的想法，而不敢把自己推上舞臺挑戰現狀，然後利用寶貴的時間做點什麼，例如在網路上鼓勵陌生人。

回頭想想那些過去曾經批評你的人。想想他們說的哪些話其實很可能是在說他們自己；同時也請想想你批評他人的話語，又有哪些部分是在說你自己呢？

現在我想對你提出三個要求：

要求一：如果你不喜歡被批評，或是被別人在背後議論你做的選擇，請你也不要對其他人這樣做。出一張嘴很容易，但說到做到很難，對吧？

在別人背後嚼舌根是人類的天性，我們甚至不會花腦筋多想一秒鐘，就只是自然而然地脫口而出。這真是最讓人心滿意足的話題，我的意思是，如果可以把別人的不安當作茶餘飯後的話題，誰要拿自己的來講？我也是一天到晚為此感到內疚。我也很喜歡閒聊，但現在我經常反省自己的發言，並且經常適時改變話題。下一次你又逮到自己在別人背後說他們的壞話時，請轉換話題。

要求二：如果你對某個自己關心的對象做出的決定有強烈意見，請鼓起勇氣當著他們的面直說。許多人寧可閉嘴不提以避免可能的衝突，但是有時候我們真的需要別人指出自己做錯了，這樣我們才有機會改變。到頭來，擁有良善的意圖才是最

重要的。相信你的直覺，放膽開啟高難度對話吧。我個人非常重視那些願意指正我做錯的朋友，勝過那些只有表面上贊同的朋友。雖然對別人開誠布公會讓我不舒服，但我盡可能做到誠實無欺。

要求三：寬以待己。好好保護你的自我，而不是摧毀它。自從我學會如何和內部評價與外部批評拉開一段距離後，我變得很擅長做這件事。

當我開始演說家生涯時，曾經在短時間內接下兩個活動的演講邀約。那真是天大的錯誤，因為它們是截然不同的活動。

其中一場是八月三十日在加州帕羅奧圖市某間女校的活動。在女校演講是我的夢想，所以這是我做出一點成績的好機會。我想要讓校長大開眼界，這樣她就會把我引薦給郡內其他女校。這是我的第一場校園演講，我得為這群十一歲至十八歲的少女們打造出全新的演講內容。

沒多久，我得到了另一個上臺的機會：八月三十一日在網飛總部！而且這裡距離我前一天即將發表演講的地點才幾個街區而已。這是巧合嗎？我相信是命運。

在行前準備的電話會議中，客戶非常清楚自己的目標何在。我得翻新企業演講的內容，好讓在座的聽眾滿意。這其實是一項艱鉅的挑戰，但能讓我的企業演講更臻完美，所以我就答應對方的要求了。

基本上，我必須連續發表兩場前所未有的演講，而且兩場都對我很重要。

在此之前幾個月，當我接下兩場活動時，亞當就警告我千萬不要接下時間這麼接近的演講。他要我將網飛的演講往後延，這樣我就可以爭取到更多準備時間。當時的我超級興奮自己有幸在這麼卓越的企業發表演講，所以完全聽不進去。我不想搞砸這個機會，所以接受了對方開出的條件。

最後，我因為太專注修潤女校的演講，結果網飛的那場慘不忍睹。我搞砸了。

八月三十一日下午一點，當我坐進短租車開回機場時，完全不需要別人說「我早就告訴過你了吧」，我對自己很失望，同時感到既丟臉又沮喪；等我看到那場演講的影片時，才發現自己從頭到尾搞混了「無懼」和「恐懼」這兩個詞彙，我覺得糟透了。我的天啊，人生汙點！有一次我甚至還說「紐約不是一個什麼都不怕的人該來的地方」。什麼鬼？！

我熬過網飛總部那場丟臉到家的經歷後，便向自己保證：（一）在重要活動之前，絕對要有充分的準備時間；（二）絕對不要再搞混「無懼」和「恐懼」這兩個詞彙。

有鑑於發生的事，那天原本可能是個糟糕的日子，我也大可以花上好幾個小時跟自己過不去，然後腦海中不停回想自己說錯的話，但我選擇這樣處理內心的自我批評：

我坦然接受自己的錯誤，而不是跟自己過不去。
我寫下自己在接下來的演講能改進的所有事項。
我盡快走出來，不再過度分析自己說錯或做錯了什麼。

我原諒自己。

我對這次學到的經驗表達感謝。

　　要是我們放任內心的聲音沒完沒了地批評自己，很有可能造成自我毀滅。你可以想著「我顯然不夠好」，或者你也可以換個想法，告訴自己「我永遠都有改善的空間，至少現在知道該怎麼做了」。

　　提醒自己在當時已經善用所具備的知識和工具，傾盡全力把事情做好了。

　　我與好友歐黛・奎絲勒（Odette Cressler）曾共同錄製一段Podcast，在訪談中她分享了一個面對內心自我批評的妙招。她替那個自我毀滅的自己取了個暱稱，叫做歐黛莉亞（Odelia）；每當她發現自己又在進行負面的自我對話時，就會與腦中刻薄的聲音拉開一段距離。她將歐黛莉亞視為最居心不良的局外人，而且歐黛莉亞的存在，純粹是想帶來傷害與毀滅，才不是為了幫忙或提供有建設性的意見。

　　歐黛不是歐黛莉亞，她的工作就是將這個不速之客拒於千里之外，而不是傾聽那些惡意中傷。這就是歐黛處理內心自我批評的方式。

　　如果必須為自己內心的酸民取名，你會取什麼名字？

你好
我的名字是

宇宙

　　爆紅的幾天之前，我曾與亞當有過一段對話，當時我們認真考慮要放棄百日計畫。

　　我們自己為計畫籌資，但支出已經失控了。我們努力跟上紐約的步調，同時支付我讀碩士班的費用，但開銷實在多到我們無法負荷。我們考慮在完成五十種恐懼時先停下腳步，未來再想辦法完成剩下的那一半。

　　爆紅之後，我的 YouTube 頻道訂閱數從八十九人漲到一萬二千人，點閱數也從四千衝到四百萬，那些數字就足以讓企業贊助我們想要完成的體驗：機上跳傘、高空飛索、鯊魚籠潛水、駕駛飛機，以及水上樂園、野外露營、租車的費用。大家都想加入我們！他們很興奮地免費提供我們最棒的服務，作為

交換，我會在影片裡置入它們的商標，這樣就有機會被數千名訂閱用戶看到。我們完全不用自掏腰包了——棒極了，對吧？

對我來說，這個暗示再明顯不過了。宇宙希望我繼續直球對決恐懼，進而為數百萬人帶來啟發。如果酸民是我在完成諸多挑戰期間必須付出的代價，那就放馬過來吧。我準備好了。難道你不會這樣做嗎？

我稱此為開口說宇宙的語言。

宇宙並不總是有求必應，它選擇回應積極的行動。你想要得到某樣東西？那就證明你值得。這是我看待宇宙的方式。你越感到不適，宇宙越願意傾聽。

如果酸民與負評正在阻止你實現自己的夢想，那就表示該踏進不適圈了，這時請大聲說：「放馬過來吧！」

放・馬・過・來・吧！

第五章　懶／人／包

請造訪 hellofearsbook.com，你會發現本章最吸睛的活動。

→ 看我大聲讀出所有線上刻薄評論我的影片。

→ 聆聽音樂劇《致艾文‧漢森》裡的〈你會被看見〉（詞曲由班傑‧帕塞克與賈斯汀‧保羅擔綱）。

→ 看人際智商教練凡妮莎‧范‧愛德華茲在「攻占世界高峰會」（World Domination Summit）暢談努力工作的影片，頗有激勵人心之效。

→ 觀賞電影《波西米亞狂想曲》或聆聽皇后合唱團的專輯，你絕對會和我一樣，深深被佛萊迪墨裘瑞感動。

→ 看我在藝術班學生面前直球對決當裸體模特兒的恐懼。

→ 收聽那集討論歐黛／歐黛莉亞的 Podcast。

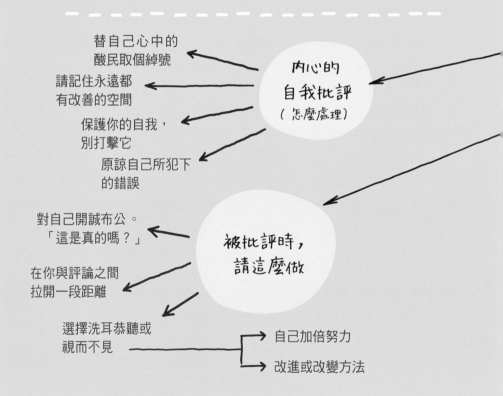

替自己心中的酸民取個綽號

請記住永遠都有改善的空間

保護你的自我，別打擊它

原諒自己所犯下的錯誤

內心的自我批評（怎麼處理）

對自己開誠布公。「這是真的嗎？」

在你與評論之間拉開一段距離

被批評時，請這麼做

選擇洗耳恭聽或視而不見

自己加倍努力

改進或改變方法

將批評當作
推動自己的燃料

沒有感就感

爆紅這件事

成就感

來自某個目標

會帶來

爆紅

酸民

支持

更大的責任

機會

酸民，你好
展現自我與處理負評

展現自我

我們越感到不
自在，宇宙越
願意傾聽

需要

勇氣

脆弱

當我們評論別人
時，很大程度透
露出自己是怎樣
的人

評論

我們特立獨行
時就會發生

談論想法
而非討論
他人

沒有人會用我們
批評自己的方式
來批評我們

第六章

自我，你好

歸零學失敗

二〇一六年十一月，我得到了一個演講邀約，還是在我個人最喜愛的企業：臉書。在問答時段，有一名員工向我提問，那個問題讓我思考了好幾個禮拜。她問我：「蜜雪兒，既然妳這麼頻繁地談論失敗，請向我們分享妳的某次失敗，以及妳從中學到了什麼。」

　　失敗？我的人生全壓在這了，腦子卻在這個時候當機。幾秒鐘（彷彿好幾分鐘）以後，我決定誠實回答，告訴她自己實在想不到答案——那感覺就好像承認自己的小失誤。不過我向她保證，自己會回家思考過後再告訴她答案。

　　我後來發現，自己在此之前都沒有「跌倒後再爬起來」的經驗，是因為自從我完成百日計畫以後，就再也不要求自己做大事了。我到處旅行與演講，並且安於現狀，沒有展開任何新的計畫。我空有好幾百個點子，卻也沒想過要認真執行，我總是有好多藉口延後我的計畫。

　　二〇一六年十二月，我對自己許下承諾：假如我腦中靈感浮現，但我馬上想著「別傻了，絕對不會成功，我會完全搞砸」的時候，我就得行動，沒有談判空間！嚴格來說，我二〇一七年的年度目標就是：自找失敗。這正是我做的事。**我將對於失敗的恐懼轉變成我的目標。**

　　如果失敗也是你最大的恐懼，歡迎進入第六章！本章將協助你改變對「失敗」的認知、強化你的自我意識，並賦予你力量**選擇起身行動，而非力求完美**。但首先讓我們先搞清楚，究竟是什麼東西定義了所謂的失敗。

失敗

　　想像你正置身一間寬敞的等候室中央，四周盡是各式各樣的門，但只有一扇門會引領你通往自己想去的地方。所有的門都沒有記號，因此門後的風景具有無限想像。

　　這不是一間典型的等候室，它看起來似曾相識，裡面有幾張漂亮的沙發、內建網飛的電視、無線網路、冷氣（只有你可以控制溫度）、收訊超好的手機、咖啡、披薩、餅乾口味冰淇淋等等。還需要其他東西嗎？一隻狗？沒問題，那裡也有一隻狗。

　　它甚至和你朋友與家人的等候室相連，因此他們可以自由來去；更棒的是，你可以決定他們的去留。他們全都待在各自專屬的等候室，四周也全是關上的門。他們看起來都很開心或至少很自在。

　　門後是一片未知的風景。

　　你聽過許多人試著打開一扇又一扇門，卻遭遇失敗、拒絕、心碎、挫折和挑戰的故事；若發生在你身上，你不敢保證自己一定應付得來。

　　但是其中一扇門會通往成功，專屬於你的成功。你心心念念的目標就在某一扇門後面。不過，到底是哪一扇？

　　請花一分鐘想像這扇贏家之門背後的風景。如果你明天就能擁有自己理想中的生活，那會是怎樣的光景？你將擁有什麼？會與誰同在？希望別人如何看你？盡情想像，然後在下一頁寫下或畫下你腦中看見的所有事物。請把它當作你的願景板。

想要找出通往夢想的那扇門只有一條路，那就是大膽打開某幾扇門。

大多數人選擇繼續留在等候室。為什麼要冒這個險呢？又不保證能找到正確的那扇門，為什麼要自討苦吃呢？你看了看四周，發現身旁的人從沒打開過任何一扇門，但他們也過得好好的。既然如此，為什麼要沒事找事做？

接下來我要同時告訴你壞消息和好消息：

壞消息

你在尋找的那扇門，絕對不會是你打開的第一扇門。不管喜不喜歡，你就是得打開好幾扇門，才能找到你想要的那一扇。有些人可能只要打開幾扇門，有些人則得多試幾次。

好消息 1

有件事是肯定的，你打開的每一扇門，無論結果好壞，都會讓你更接近正確的那扇門。每一扇門都有存在的意義，也都有值得你學習的東西。再說，你還會知道下次別打開那一扇門，因為你已經知道有什麼在等著你了！每一扇門都是讓你更接近成功的墊腳石。

我的願景板：

所謂失敗，不是你做錯了什麼，
而是你根本不曾採取行動。

好消息 2

　　你打開的每一扇門都會改變你。由於你會從不同扇門學到不同的東西，也會接觸全新的觀點，所以你只要一打開它們，從此就不再是同一個人了，而你的等候室也將和以往大不相同。你以前喜歡做的事，現在看來可能會覺得浪費時間；你過去認為瘋狂的點子，現在可能沒那麼異想天開了。你打開越多扇門，世界觀就越開闊、越進步。

好消息 3

　　你想要的生活就在眼前，隱身在其中一扇門後方。很棒的是，沒有人能將它從你手中奪走。只有你握有打開那一扇門的密碼。這是一場你與自己的競賽，你越快採取行動開始去打開那些門，就越快找到正確的那一扇。

好消息 4

　　正確的那一扇門不會是你的目的地。它會引領你找到千載難逢的機會，要是你選擇接受，它將另外帶來只屬於你的好幾扇門——在此之前你從不知道它們存在。

　　好啦，以上這些門與等候室的比喻，讓我感覺自己尼采上

身了。這些比喻到底是從哪冒出來的？難道我在不知不覺中開始像哲學家那樣說話了嗎？那倒是蠻酷的，但也很讓人意外。

不管是不是亞里斯多德說的，我希望傳達明確的訊息：

> 人生處處是機會，而且由於我們（尚且）無法預測未來，因此可能無法知道哪個機會是正確的機會，也不明白如何充分利用它。不過，只要我們被動等待事物來臨、某扇門自己打開，或是有人指引並告訴我們該往哪去，我們很可能永遠只會在舒適的人生等候室裡等待。

抓住機會可能導致失敗、拒絕和情感上的痛苦；但是，當你知道自己想要往哪走，也下定決心要抵達終點，那就沒有其他更重要的事了。突然之間，**所謂失敗，不是你做錯了什麼，而是你根本不曾採取行動。**

一扇門出現的形式可能是電子郵件，能夠為你即將成形的事業帶來資金；可能是飛機上坐在隔壁座位的那名乘客，只要你敢率先打開話匣子，搞不好就成了你的下一位合夥人、教練或贊助商。一扇門可能是你在交友平臺上註冊成為會員，然後鼓起勇氣敲開好幾扇門，耐著性子探索門後的風景，最後終於找到真愛。它出現的形式可能是在課堂上有人拋出一個問題，你決定鼓起勇氣回答，冒著可能答錯的風險，搞得自己灰頭土臉，但也有可能是正確解答，因此在全班同學與教授心中留下

深刻的印象。

　　不是所有人都想離開自己的舒適圈去追求遠大夢想。但是每當我們停下腳步，選擇不去冒險，也不去嘗試新事物，更不去探索未知領域，就會離實現目標越來越遠。每當我們將失敗拒於千里之外，也等於是把成功擋在門外。就這麼簡單。

　　如果要說我學到了什麼，那就是**成功真正的敵人其實不是失敗，而是安逸。**

安逸

　　安逸正是阻礙我們創新或提出偉大創意的東西；它說服我們留在自己不再愛的人身邊，或是待在已無法滋養我們成長的工作、職位或城市；它哀求我們再看一集影片，別管部落格上一片空白的頁面；就是它讓我們選擇舒服地待在每扇門都關上的等候室。

　　安逸會這樣對我們說：「好事只留給耐心等候的人。」但正在閱讀本書的人，有誰已經等得不耐煩了嗎？我知道我就是。

　　我是在二〇一三年去電影院看《賈伯斯》時領悟到這一點的。那天回到家時已經很晚了，我不斷想著電影情節，然後哭了起來；我淚流不止，因為我想成為改變世界的人，就和賈伯斯一樣，問題是我差得遠了。

　　我的行動並沒有讓我以任何方式改變世界，頂多就是在廣

播或電視廣告中多賣幾顆溫蒂漢堡而已。我的日常存在差不多就是實現別人的夢想,而不是我自己的夢想。或許是做出一個極具創意的電臺廣告,幫老闆贏得坎城國際創意獎;或許是慫恿客戶為下一輪廣告活動提高一倍預算,幫財務長圓夢;也或許是幫溫蒂漢堡的行銷長賣出更多漢堡。可以肯定的是,我並不是在為了自己的夢想奮鬥。我應該是太安於替別人工作、讓別人告訴我該做什麼,以及每個月有固定的薪水。「繼續做妳正在做的工作,妳做得很好!為什麼要拿現在擁有的去賭呢?」我的超我(superego)大概會這麼說。

> **「有成就的人很少坐等事情偶然降臨。**
> **他們走出去並讓事情發生。」**
> **──達文西**

我需要找出自己的成長道路,並冒著更大的風險抵達終點。我當初就是因為這樣才有了搬去紐約的想法。這是我踏出主動出擊的第一步。現在,每一個我放進遺願清單的目標或夢想,我都貫徹這個概念。要是我真的超級渴望某樣事物,我就全力以赴去爭取。蓋瑞‧威聽到我這麼說,一定會為我感到超級驕傲。你不知道蓋瑞‧威是誰?就是美國傳奇創業家蓋瑞‧范納洽呀!

為了實現理想中的生活方式,並創造你想像中的成功,你會如何踏出第一步,或者更好的說法,如何打開第一扇門?

當你回答前述問題時請記住這一點：

「懷疑扼殺的夢想遠多於失敗。」
——蘇西・卡珊（Suzy Kassem），美國作家

我要打開的第一扇門是：

_____

_____

_____

_____

_____

_____

對了，我不是說這扇門就是正確的門，你完全有可能會犯錯。就連賈伯斯也曾犯錯，他找來約翰・史卡利出任蘋果執行長，結果讓自己被趕出自家公司。但他還是成功了，因為他一再嘗試並不斷從錯誤中學習，最重要的是，他從來不容許對失敗的恐懼妨礙他向成功邁進。有一點我很確定：一旦你打開那扇門，我們與「讓大事發生」的距離就會更近一點。

接下來，我們即將面對一連串非常重要的恐懼：個人恐懼。

個人恐懼

我們照料生活中許多事情的程度，遠遠比不上我們愛護自尊的程度。我的意思是，如果我們保護身體的周到程度能比得上維護自我的，牙醫助手們都要失業了、皮膚癌的發病率會下降，而且我們大家也都能維持完美體態。不過事實並非如此。實際上，我們極度努力避免失敗與拒絕，因為所有生理痛苦都遠遠比不上情感痛苦。

每天都有成千上萬人不得不勉強接受雇主提供的職缺，儘管薪水足以養家餬口，但難以餵養他們的靈魂。許多人不得不勉強找個老公或老婆定下來，而非尋找對的伴侶，儘管那個人才會支持他們的夢想，讓自己成為對方的一部分。還有些人不得不屈就於某種看似便利，實際上很空虛的生活方式。雖然我在第三章曾討論過，大多數人都視安頓下來為能夠被社會接受，還可以輕易得到歸屬感的方法，但現在我談論的是因為太害怕敲錯門會傷害到自我而安頓下來的情況。

根據心理學家佛洛伊德的說法，我們的心理分成三大部分：本我、超我、自我。

本我指的是我們的天性，也就是我們的心智無須經過太多理性解釋就能對身體發送出的信號。比如說，我們光是看到菜單有蛋糕就覺得已經嘗到美味了；或是買下一雙遠遠超出預算的鞋子，甚至是想要親吻帥哥或美女的衝動。這些都是我們經常必須自我控制或限制的衝動，否則我們將會生活在一種完全無政府的狀態中，人人都隨心所欲地做當下自己想做的事，毫不考慮行動可能造成的後果。

另一方面，**超我**深受外部因素影響：我們的父母、師長、朋友和社群。我們的超我是社會加諸在我們腦中的理想形象，也就是所有讓我們感受到壓力又必須實現的期望。我們被期待要表現良好、慷慨、成功、有錢、有穩定的關係、生兒育女、慶祝特定節日以及相信某些特定事物。

我們的**自我**則是卡在本我與超我中間，它就像排行在中間的兄弟，嘗試以不讓任何人受到傷害的方式滿足各方，亦即既不要開心過頭，也不要過度有壓力。自我的任務就是根據你的優先順序與目標找出平衡點並做出最好的選擇。

當我們的自我不夠強大，無法控制我們的超我，就會對成功造成最大的威脅。我們承受龐大的壓力（來自內心的或外在的，也有可能兩者都有），必須隨時表現出一副自己很好的樣子，所以我們寧可不冒險。因為當我們為自己設下超高期望值，毫無疑問就會活在這些期望之中，我們絕不允許自己有犯錯的空間。但事實上，我們的錯誤可以教會我們最寶貴的教訓，並帶給我們前進的動力。

另一方面，當本我失控，我們很有可能會過度冒險，而且還是用不太理想的方法。這樣會導致一連串的失敗，最終帶來挫敗感和自卑感。

具備強大自我的人有能力處理本我的衝動與超我想要維持現狀的要求，並且繼續在理性範圍內放膽冒險。

把失敗當成教訓是一種選擇，我們只要養成習慣就有能力這麼做，但前提是我們必須在面對失敗時，願意不斷努力嘗試重新定義自己。這就是我眼中的行動派所具備的特質。

空想派與行動派

空想派是那些熱中規劃自己完美未來生活的人。他們可以花好幾個小時思考並將計畫塗寫在色彩繽紛的日記本上；他們會在紙上填滿新奇的想法、行動步驟與粗糙但看起來大有希望的草圖；他們懷抱所有動機，但同時也會端出所有還沒起身行動的藉口。

行動派不僅想出各種既酷又新穎的想法，還會實際去執行，而不是等著別人代替他們實現。他們不相信那些藉口，也不會傻傻等待最棒的時機。他們很清楚那些都是空話。他們只相信嘗試、失敗、再試一次的哲學。

空想派與行動派有什麼分別？你猜對了：**勇氣**。

我個人喜歡與行動派為伍，他們激勵我**少花點時間做夢，**

多花點時間創造。別誤會我的意思，做大夢是我得以創造今日成就的第一步，所以無論如何一定要做夢，只不過，實際去行動才是美夢成真的關鍵。

我第一次開始思考這個概念，是在我第一次和社群媒體與行銷大師薇若妮卡・魯伊絲・德爾・維索（Verónica Ruiz del Vizo）碰面的時候。默默追蹤她的 Instagram 好幾個星期之後，我決定邀請她一起喝杯咖啡，聊聊可能的合作計畫。我在和她握手的時候，注意到她的兩隻手腕都有刺青，一隻紋有空想派，另一隻則紋有行動派。她告訴我，自己很清楚必須同時當個空想派與行動派，這樣她才能實現理想人生。這位女強人是來真的。

我們一路聊下去，我記得她問起我的計畫和目標。我一面分享某些想法，她一路回應：「超酷的，妳已經做到了嗎？」我會回她：「還沒啦！我只是剛好想到而已……」這種對話大概重複了四次。那天快結束時，我才發現自己滿腦子都是還沒實踐的想法。

我們逐漸發展出友誼，從經常聯絡的對象變成超・級・要・好・的・朋・友。她的成就和生活態度越來越常激發我的鬥志。只要看到她實現她的目標，我就會被激到（激勵的激啦）並針對我個人的夢想採取行動。光是這一點，我就要感謝她一輩子。現在，換我問問你們這些空想派：「什麼時候才要端出你的想法呢？」

成功真正的敵人

其實不是失敗，而是安逸。

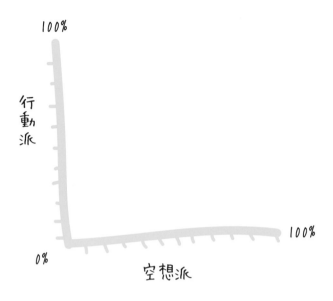

練習

請拿出黑筆，在前述的曲線圖符合你現狀的位置畫個圓點，並寫下今天的日期；接著，請想想從今天開始的幾個月後你希望自己落在哪個位置，在上面畫個星星，並寫下希望實現的日期，好為自己設定個期限。

別誤會我的意思，行動派並不是毫無恐懼，也不總是天不怕地不怕，他們有時候也會害怕去嘗試[7]，只不過比起失敗，他們更怕自己光說不練。

---

7 讀讀本章最後薇若妮卡透露對於失敗這個恐懼的反應就知道！

說到失敗，二〇一七年我做了一件讓超我[8]很不開心的事，但那卻讓我搖身變為終極行動派。

2017 新年目標

我在本章開頭就告訴過你，我有一股把恐懼昇華成目標的念力，而為了達標，我只有一個新年願望：對失敗免疫。就這樣，起而行成了我的家常便飯。那一年，我：

- 成立新的 YouTube 與 Podcast 節目《致年少的我》（Dear Younger Self），鼓勵青少年改變看待恐懼的方式，並跟著直覺走。
- 在 Instagram 上開始另一個圖文百日計畫「勇氣是」（Courage Is）。我的想法是畫出一百種勇氣的定義——順便說，我完全沒有插畫家天分！
- 從下半年開始變成了漂流族，把所有家當都塞進小小的個人自助倉庫，然後四處旅行。
- 推出印有《恐懼，你好》最難忘名言佳句的服飾，從 T 恤、貼紙到帽子和頸鍊，應有盡有。
- 招募第一批正式員工！

---

8 還記得我說過，超我喜歡安於現狀，總是盡全力避免失敗嗎？#一點都不覺得抱歉

上述還只是我在 2017 年開始做的其中幾件事。我得說，自己因此變得完全對失敗這個恐懼免疫了。

那一年我也學到了非常多！我失敗了嗎？你說中了。我根本不會做生意。

事實證明，我變得很擅長開始做許多事，卻不太擅長完成那些事。不過，要是我的新年目標就是去失敗，那我也算是達標了，對吧？

- 我沒有完成圖文百日計畫，只貼到 # 八十六就結束了。
- 我的 Podcast 節目做了十四集就被我擱置了。
- 我開始流浪生活後，就沒做 YouTube 影片了。
- 我的服飾剩一堆庫存，只好捐給委內瑞拉有需要的人。
- 我得辭退第一批員工，我不知道要給他們什麼工作。

你可以說我失敗了，但我會說自己也學到了許多教訓，要是我沒試過，可能永遠沒有學習的機會。比如說：

- 為自己和團隊設定可量化目標的重要性。
- 擁有策略比擁有完美產品更重要。
- 所謂「慢慢找人，速速趕人」是什麼意思。
- 毫無節制的同時處理多項工作不是正確的經商方式。
- 新的生活方式要有新的犧牲。無論我們多努力嘗試，魚與熊掌就是不可兼得。

- 對於每個浮現在腦中的靈感要有所取捨。
- 在開始下一個計畫前先完成現有計畫的意義。

　　這是我首次公開承認失敗與學到的教訓，所以要是你已經在社群媒體上追蹤我好一段時間了，可能會覺得很奇怪，自己怎麼沒聽說過這些事，對不對？那是因為……在社群媒體上，大家看起來都過得很好！

大家都過得很好

　　你有沒有發現 Instagram 是我們用來傷害自我的致命武器？但是在我們點開 Instagram 之前可能根本不會這樣想。我們會這樣說：「讓我清空腦袋，看看別人都想要做些什麼。」或是「讓我看看能不能找點靈感。Pinterest 好難用，我來滑滑 Instagram，看能挖到什麼寶！」

　　沒人會說：「趁我坐在電腦前一邊啃著昨晚吃剩的雞肉一邊工作時，來看看其他人生勝利組有多成功、多獨立、多快樂、去美到不行的地方玩、在超棒的餐廳用餐；好喔，我的日子糟透了。」

　　Instagram 和其他社群媒體的問題在於，我們只看得見某個人生活的 2% 而已。當然嚕，這 2% 若不是真實人生，就是裝出來的。但我們往往馬上以為那個人的生活肯定超完美，他

們從來不會被拒絕，也從不會犯錯。這種事我們所有人都會碰到，而且經常為此心煩意亂。

突然間，我們的超我開始膨脹。現在，光是有份能養家活口的好工作還不夠，你還要有個副業，像是成為完美父母、投入某些 DIY 提案，還有在每日發文中寫下很有深度的見解。說真的，想要跟上這種步調是不可能的，但你就是在 Instagram 上看到其他人都這麼做。比起被那些人鼓勵，你開始感到很有壓力。不過，這些期望是與現實不符的。看到別人既開心又有成就時，我們老是以為想要成功很簡單，也因此只要事情變得有點複雜，我們就認定自己失敗，甚至很可能停止努力。

我就是只看到人們貼出 2％ 美好生活的受害者，那讓我覺得和別人相比，自己的生活還不夠好。現在，當我要在社群媒體上和別人分享自己的生活時，我有個很重要的原則：＃分享完整故事（＃ ShareTheWholeStory）。

被拒絕的故事

幾個月前，我收到兩家經紀公司的來信，信上說他們正在考慮找我參與他們客戶的行銷活動。我很少收到這類型的信，所以讀到這兩個活動時，我興奮到忍不住手舞足蹈了起來。

第一個是本田汽車的電視廣告，另一個則是保養品牌歐蕾的行銷活動。兩間公司都在找平易近人、真實、勇敢，並且

具有社會影響力的女性。歐蕾的活動叫做「面對一切」（Face Anything），聚焦於突顯勇敢的女性。不光如此，他們還要給我整版的廣告，刊登在……九月號的《Vogue》雜誌。要是這還不夠，我的臉部特寫海報還會登在聯合廣場站的牆上，以及時報廣場的大型數位廣告看板上。基本上，一個保養品牌的行銷活動就可以讓所有女孩的美夢成真。到底是真的假的？！因為太期待好消息，我連續兩個禮拜都沒睡好。

兩個星期以後，歐蕾的選角經紀公司來信通知我客戶「選擇了其他人」。好吧，只能含淚接受。幾個小時後，本田汽車的經紀公司也來信告訴我，他們很遺憾客戶最後選擇了其他方案。我整個人垮掉了。原來，被拒絕和我們的自我才不是最佳拍檔，它造成的傷害，就和失敗造成的一樣深——即使自己根本沒做錯什麼。

助我走出被拒絕陰影的四個階段

一、感到受傷。 如果你被狠狠拒絕，不論是被你欣賞的對象、你渴望的工作，或是任何你以為屬於自己的機會，感到傷心欲絕是很正常的。這是克服害怕被拒絕的必經過程。如果你和我一樣，當下沒有好好消化的話，焦慮情緒就會轉化成可怕的胃痛，你還會納悶好幾天：「我到底吃了什麼？」答案就是你的負面情緒！

釐清自己的感受並花時間撫平受傷的心是很重要的。刻意

隱藏自身感受要自己立刻振作起來，會妨礙我們進一步消化負面情緒，這些感受甚至很可能再次跑出來困擾我們。

二、堅守計畫。我相信事情發展不如預期是有道理的，而且很有趣的是，絕大多數情況下，我們遲早會發現那是什麼。也許一個月後你會說：「謝天謝地，他們當初沒有錄取我，不然就沒有這次外派歐洲的機會了！」這就是你一直想體驗的「頓悟時刻」。你早就有過這種經驗了，對吧？

我是在一個月後，也就是歐蕾釋出廣告時，才真的體會到這一點。結果，他們所有行銷活動都在讚揚無畏無懼的女性，對，就是用「無畏無懼」這四個字來形容她們。有鑑於我很抗拒那四個字，還極力鼓吹改用「勇敢」這兩個字，那很有可能為我的品牌帶來負面影響。我心想：「還好還好。謝天謝地我沒被選上。」我打從心底相信老天自有安排，所以我選擇照原定計畫走。至少那會為我帶來內心的平靜與自信，讓我邁向走出被拒絕陰影的下一個階段。

三、向前邁進。我們不能把心思永遠放在自己沒得到的東西上。當然啦，你可以去思考當時可能讓事情往不同方向發展的所有方法，但必須設定一個期限。給自己一個時間表，並且堅守計畫。你可以對自己說：「接下來的十二個小時，我要繼續自怨自艾，然後就此打住！」有些人需要好幾天，有些人只需要幾分鐘，只有你自己知道需要花多少時間才能放下。

根據辯證行為治療（dialectical behavioral therapy），被拒絕是人生中無法避免的痛，受苦卻是個人選擇。這代表我們若接

受現實，就比較願意正視自己的處境，然後向前邁進；然而，我們若拒絕或反抗現實，就會給自己招來無謂的痛苦和折磨。請無視「為什麼是我？」這類的疑問或「不公平！」那類的聲音，並且為自己設下確定能做到的截止期限。時間到以後，就該讓事情過去了。

四、扭轉局勢。被拒絕後感到受傷是人之常情，那麼你要如何把自身經歷變成能夠引起共鳴的故事，並善用它與別人產生連結呢？

我收到兩封拒絕信時，做了一件不該做的事：我開始滑 Instagram 好轉移注意力，結果 Instagram 只是再次提醒我，別人都心想事成，我卻什麼都沒有。我開始感到嫉妒又沮喪，內心只想著自己不可能得到夢寐以求的事物了。

就在我滑著手機自怨自艾時，突然有了某種領悟：這些人並不是沒被拒絕過，他們也有相同經驗！他們只不過沒有在社群媒體上分享而已。一定是這樣！

我拒聽超我的要求，反倒是選擇公開這段經歷。我告訴 Instagram 上關注我的人自己被拒絕了，還上傳了兩封信的截圖。

就在那一刻，我收到了數百則來自網友分享自身經歷的訊息。我收到的信件截圖來自被裁員的人、被申請學校拒絕的人，甚至還有一個女生就在那個當下被男友用簡訊分手。他們全都發自內心地感謝我，因為我讓他們覺得自己的人生還有救。

＃分享完整故事就是這樣誕生的。

分享脆弱的故事讓我們明白，其實我們並不孤單，而且有人陪伴讓我們感覺好多了。因此我要請你在分享成功經驗的同時，也盡可能地分享被拒絕的故事。人們對於脆弱的回應不只會讓你驚訝，還會在你最需要時給你滿滿的支持。

　　我的任務是找出平衡點：美好的事物當然值得分享，但我也會分享不那麼美好的東西。你要是聽到我說，不那麼美好的東西反而讓人們回饋更多參與、愛心、忠誠、支持、同理心和力量，可能會感到非常驚訝。其實人們非常渴望談論這些沉重的話題，因為只有少數人敢分享自己的失敗經驗，例如他們收到的拒絕信、做過的錯誤蠢事，以及成功背後的諸多犧牲。

我也被騙了

　　剛開始動筆寫這本書時，我的心態從「我希望有人會買，然後從中找到價值」轉變成「有沒有可能一夜之間變成暢銷書，狂賣好幾百萬冊」，這個天真的想法就是我看到 Instagram 某則貼文後產生的。

　　當時，作家瑞秋・霍利斯在社群媒體上發布了她的著作《女孩洗把臉》賣破兩百萬冊的消息，她的成功讓我相信你正在讀的這本書也有機會締造佳績。但我根本沒搞清楚狀況。

　　那天晚上我對亞當說，瑞秋・霍利斯的書賣出了兩百萬本，我的書銷量可能也會和她的差不多，他問了我一個很簡單

的問題：「妳有讀完全部的內容嗎？」

當下我才反應過來，自己其實只讀了前面幾行：

本週銷量突破兩百萬冊！各位！看看你們辦到了什麼！……這真的令人難以置信。你們真的太棒了！謝謝你們，謝謝大家，謝謝每一個人！

老實說，我只讀到第二個「謝謝」，因為那就足以讓我好奇自己的書能不能和她的一樣好，然後我的目標馬上就從「賣個幾本，能幫助別人就好」變成了「意外地賣出兩百萬冊」。

我漏看了超級重要的段落：

今年我懷著滿滿的感激出了本書，更感謝前面的那五本。因為這不是我的處女作。我深知書賣不出去的下場有多可怕，也知道一個人在簽書會上枯坐幾個小時，就是沒人走上前來是什麼感覺，更知道那種極度渴望只要有那麼一個人在意我的作品就夠了的感覺。即使現在有幾百萬人喜歡我的書，但我絕對不會忘記那次經驗。我保證自己永遠不會把這一切視為理所當然。＃女孩洗把臉

洩氣了嗎？我也是。

我很愛關注和瑞秋‧霍利斯一樣的人，這些人不僅是行動

派，他們還忠實分享了自己的故事。至於我們這些讀者，除了應該妥善管理自己關注的內容，以確保自己追隨的是勇於呈現真我的影響者，更要讀過完整的內容，這才是負責任的行為。我們越是自欺欺人，超我就越發膨脹，我們離自己設定的目標也就越來越遠。

我想在這裡留下兩段話，以打造對超我更友好的世界，也就是擁有較少諸如凡事都要力求完美等外在期待的世界。

致所有閱讀本書的內容創作者：

下次你想要在 Instagram 分享自家幸福兒女照時，請想想那些辛苦的媽媽們，以及所有可能看到這則貼文的不孕女性；請留心自己所寫下的圖說文字。妳在發文放閃時，請考慮一下那些可能正處於離婚或分手狀態的讀者；發自內心表達愛意沒什麼問題，但請走樸實路線，並帶著幽默感和同理心去分享這段人際關係的真實面貌。妳在貼文曬出完美、健康又緊實的體態時，請顧及那些自我感覺形象不好的人，他們可能只是想透過 Instagram 來轉移自身的不安，結果剛好看到你大秀身材的貼文。這麼做將有助於我們在網路上分享生活時多用點心，甚至會為我們帶來人情味，讓我們更平易近人，也更不會傷害到他人。讓我們向讀者傳達這個想法：儘管人生路上有各種失敗與阻礙，但他們同樣有機會成功。

致所有愛滑手機的讀者：

我求求你，千萬別相信你在 Instagram 看到的每一件事。沒有人是完美的。我很喜歡心理治療師惠妮・霍金斯・古德曼（Whitney Hawkins Goodman）在她的貼文寫下的這段話：「你在 Instagram 看到的育兒專家，她的小孩也會在超市裡鬧脾氣；婚姻諮商師也會和另一半起爭執，甚至會大吼大叫；營養師累壞了的時候也會給小孩吃速食；健身部落客也會蹺掉健身房，也有體態不怎麼樣的日子。」我可能要另外補上：大談如何克服恐懼的勵志演說家，有時也會被生活嚇個半死（沒錯，就是在說我）。

下次你滑 Instagram 時，請想想所有照片沒拍出來的挫敗。這是一種既健康又能被接受的防衛機制。如果人們沒有分享完整的故事，那就自行想像，幫助自己看見每個人都有平凡且不完美的一面。請千萬不要假設別人的成功完全不需要努力。請換個角度，想像他們也會徹夜難眠，也會收到婉拒信件，也有自我懷疑「我真的做得到嗎？」的時候，還有他們也為了創作而投入大量時間。所有努力都是真的。

努力沒人看見

大多數人選擇只展現成果，因為努力的過程不好看、不好玩也不有趣；這個過程漫長又乏味，能看到的只有黑眼圈、熬

夜、空的咖啡杯。誰想看那些？

問題是，當我們隱藏自己的努力，成功看起來就沒那麼厲害了，成就好像也變得沒什麼了。

當別人被你的成就激勵，接著說出「我想要像蜜雪兒一樣，一邊環遊全世界，一邊透過自己的信念激勵別人」時，其實他們根本不知道那要付出多少心力，而且很容易因為初試啼聲不如預期就沮喪不已。我鼓勵你改變這種觀念，大方展現你有多努力！

瑞秋・霍利斯的第一本書沒有賣兩百萬本，我登上 TEDx 演講後完全沒有客戶邀約，你大概也不會一夜成名。其實這也沒什麼，因為：

一、成功沒有速成班。那些看起來突然竄紅的黑馬，其實花了好多年才熬出頭，只不過是你沒看到那個過程罷了。

二、如果事情有那麼簡單，那誰都辦得到。但事實上只有那些堅持到底，而且能夠重新定義失敗的人才能成功。

輕鬆到手的事物也消失得很快，但是我們都想要自己的成功能夠持久、加倍、克服萬難且經得起時間考驗。因此我們得搞清楚，世上沒有輕而易舉的成功，但是只要打開通往成功的必要之門並踏上旅程，我們終將到達目的地，而且是長久的成功。

在我們邁向下一章之前（我個人最喜歡的章節），我想和你們分享自己聽過最難忘的失敗故事。

「你今天搞砸了什麼？」

　　莎拉的父親每天晚餐時都會問她和她哥哥這個問題，他們兩個人都必須想出至少一個失敗的故事。

　　只要誰能在晚餐時分享關於失敗的好故事，莎拉的父親就會與那個人擊掌並大方稱讚。莎拉會說：「爸，我試著去做這件沒碰過的事，然後就完全搞砸了！」她的父親會回應：「親愛的，太棒了。」每當想不到失敗或被拒絕的故事時，她的父親則會滿臉失望與難過。

　　莎拉和她哥哥從中體會到，透過嘗試新事物以及失敗來成長、學習、練就厚臉皮的重要性，兄妹倆也因此養成了敞開心胸面對未知的好習慣。

　　現在，莎拉・布雷莉（Sara Blakely）是美國知名塑身衣品牌順便瘦（Spanx）的創辦人，也是當今最有影響力和最富有的女性之一。儘管她時時心懷恐懼，失敗絕不會是阻止她前進的絆腳石。

　　現在換我問你：你今天搞砸了什麼？我鼓勵你這一天好好想想，之後再回到這一章作答。

我今天搞砸了……

_____

_____

_____

從空想派變身行動派

採訪薇若妮卡・魯伊絲・德爾・維索

薇若妮卡・魯伊絲・德爾・維索是白手起家的企業家，十八歲就創辦數位廣告代理商混搭（Mashup），很快就與百事可樂、萬事達卡、多力多滋和思美樂等知名企業搭上線。她現在才三十出頭，公司員工數已經破百，手上品牌客戶更遍及世界各地。最近她創辦了線上教育平臺達人學習（DAR Learning），旨在幫助西班牙裔女性發揮自身潛能。

蜜雪兒：妳如何看待失敗？

薇若妮卡：當我（一）不再聽從自己的直覺；（二）不再相信自己的天賦；（三）被自我懷疑騎到頭上；（四）偏離自身的價值觀時，就是失敗了。

蜜雪兒：妳從失敗中學到了什麼？

薇若妮卡：失敗一向是我人生中最偉大的老師，它告訴我，我們心中的恐懼說話可能非常大聲，有時甚至

蓋過了直覺的聲音，而我們的任務就是降低恐懼的聲音，讓直覺來說話。只有這樣，我們才能依循自己的價值觀和優先順序起身行動。我也學會去當一個對周遭的人更寬容大度的領導者。不論有多想辦到，我們永遠無法讓所有事都照著計畫走，因此我們必須更相信自己與團隊。犯錯難免，沒什麼大不了的！

蜜雪兒：妳的企業如何體現冒險的文化？

薇若妮卡：唯有冒險去做非比尋常的事，才能獲得不同凡響的成果。我們深知一間公司唯有實現超乎想像的創新，才能成為業界先鋒。選擇待在舒適圈或許可以暫時保有安全感，但也讓我們無法發揮影響力。

蜜雪兒：妳最引以為傲的成就是什麼？

薇若妮卡：我為十七歲的自己感到驕傲。那一年我失去媽媽，所以我決定相信自己，成為自己最大的盟友，並加倍努力實現計畫。這個決定不僅把我從情緒崩潰的泥淖中解救出來，也帶領我走到今天。現在我最大的挑戰，就是即使眼前風平浪靜，也要繼續堅毅有自信地做自己。

第六章　懶／人／包

請造訪 hellofearsbook.com，你會發現本章最吸睛的活動。

→ 若想更了解薇若妮卡・魯伊絲・德爾・維索，請上 Instagram 看我們的訪談，並關注 @veroruizdelvizo。

→ 上 YouTube 觀看《致年少的我》系列影片。

→ 深入了解歐蕾「面對一切」的行銷活動，以及他們所選擇的勇敢女性們。

→ 聽聽 Podcast 節目《我這樣白手起家》（How I Built This）莎拉・布雷莉的那一集。

→ 租《賈伯斯》這部電影來看，從他改變世界的作為中獲得啟發。

→ 閱讀瑞秋・霍利斯的《女孩洗把臉》。一起幫她賣破一千萬本！

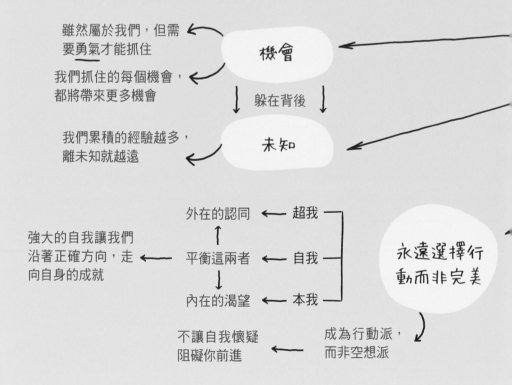

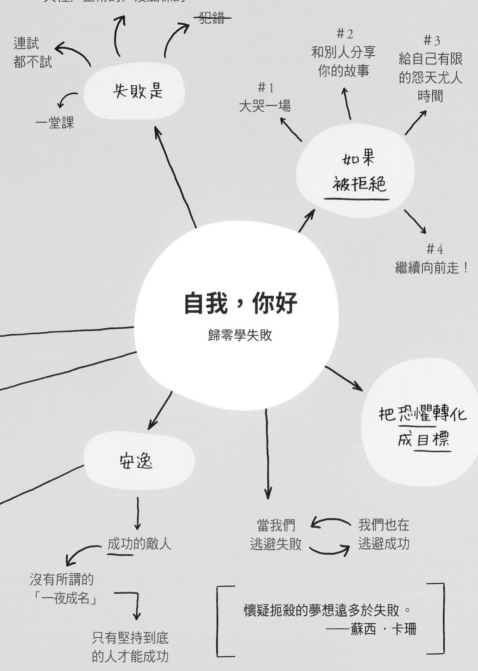

第七章

成長，你好

突破「搞什麼，我在幹嘛？」階段

「我要辭職。」

那是二〇一六年六月十四日下午三點四十五分，當時正坐在老闆辦公室的亞當傳來了這封簡訊，還附上一張偷拍老闆的照片，對此完全不知情的老闆就在距離亞當幾步之隔的位置處理公事。

我回覆他：「你說什麼？冷靜點！我們晚餐時再討論。不‧要‧辭‧職！」

那天稍早，亞當才和米雪兒談過這件事。米雪兒在一間聲名遠播的管理公司工作，旗下的演說家包括知名情感與同理心專家布芮尼‧布朗博士與潛能開發專家尚恩‧艾科爾。在他們第一次談話中，米雪兒就告訴亞當，蜜雪兒（就是我）在這一行的前景無可限量。米雪兒小姐熱愛自己的工作，甚至願意幫助人生路上偶然碰到的普通人──我們太幸運了！

米雪兒和亞當講了一個小時的電話，為他上了一堂關於演說事業的課，還幫他把我定位成即將發光發熱的明日之星。

就是那段五十二分鐘的通話讓亞當想跳槽，對穩定的工作說再見，全職和我攜手衝刺我的演說事業。

歡迎來到本書最重要的一章。

如果你正處於做出人生重大決定的關頭，發現自己得試著選擇向左走還是向右走，而且心底最渴望的選項正是最恐怖的那個方向，那我勸你，其他章都可以不用看了，本章正是你非讀不可，而且必須從頭讀到尾的章節。歡迎進入第七章，我們

要來探討正視恐懼的六大階段，以及突破讓大多數人不願採取行動的特定階段：「搞什麼，我在幹嘛？」階段。

列出優缺點

　　那天晚上七點左右，亞當帶著巨型便利貼回家。超大張。你看過這種便利貼嗎？根本像是為巨人設計的。萬一你真的很想知道那是什麼，它的全名是可再貼自黏大海報（Easel Pads）。他也帶回了幾枝麥克筆，這樣我們就可以自製一張清單，列出邁向全職創業家之路的第一步之前，必須放棄唯一穩定可靠收入來源這項決定的優缺點。於是，我們花十分鐘解決晚餐的外賣壽司，接著將兩張巨型便利貼貼在牆上，一張列優點、另一張列缺點，然後馬上列出所有我們能想到的事項。如我所料，兩張便利貼根本不夠。我們又花了一個小時爭論，還在紙上塗塗寫寫，簡直像發神經一樣！這肯定是我們做過最艱難卻也最讓人興奮的決定。

　　在那一天之前，我已經辭職將近一年了。不難想像，在紐約只靠一份固定薪水生活十一個月之後，我們辛苦累積的存款已經快要見底了。我們對全力投入創業的決定充滿不安，但經驗告訴我們，這一行大有可為，只要我們同心協力，成功的機會很大。

　　以下是讓我們做出決定的主要因素：

亞當辭職的缺點

一、毫無穩定性可言。當時我們只預排幾場（少得可憐）
　　活動，還得省吃儉用才能靠微薄存款度過兩個月。

二、再也沒有現職公司提供的健保或其他福利。

三、不確定性。多得要命。

亞當辭職的優點

一、加倍努力共同開創我們自己的事業。不用像過去一年
　　那樣，他先當個朝九晚六的上班族，回家後晚上再從
　　八點到凌晨兩點加班處理這項副業。

二、他可以和我一起四處巡迴演講，再也不用經過公司同
　　意，或是用掉他的特休假和病假。

三、我們會成為自己朝思暮想的創業家。海闊天空任我
　　行，滿天星空多燦爛！

我們為以下兩個選擇爭論了一整晚：

穩定是基於恐懼和安逸的選擇。

獨立是基於成長和進步的選擇。

安逸是會讓內心感到安全的選擇，也是你的整個身體拜託
你做的選擇，這樣就可以少努力一點、少害怕一點，也少一些
麻煩；所以硬要和身體唱反調，聽從直覺告訴你的「成長的選
擇才是正確決定」真的非常困難。

再說，有時光是要定義哪個選項是成長，哪個又是安逸就

不太容易了，因為這並不是非黑即白的決定。有時候看起來很像是成長的選項，對你來說反而是安逸的，例如知名企業的高薪職缺很可能比現職工作好，卻會耗掉你更多時間，讓你無法投入最終可能變成理想全職工作的副業。

那天凌晨四點，我這麼問亞當：「我們最害怕的選擇是什麼？」我們得出初步結論後，決定先睡覺再說，早上再做出最後決定……

> ## 「你若不是往前走向成長，就是退後走向安全。」
> ## ── 馬斯洛

人生永遠都有選擇：某些選擇會讓我們退回舒適圈，其他的則會挑戰與幫助我們成長。這裡的重點是，去分辨並選出能夠成長的選擇，不論那可能會帶來怎樣的恐懼。事實上，想要區分出兩者的最佳辦法就是，在絕大多數情況下，成長是最讓人害怕的選擇。

現在，我希望你想想眼前會帶領你實現下一個目標的決定。不見得要是大到足以改變整個生涯的決定，也可以是有機會讓你變得更好的小決定。舉例來說，我應該 ── 約他見面嗎？從家裡搬出去嗎？接受新工作嗎？報名瑜珈班嗎？吃得更健康嗎？買車嗎？

我應該──

_____

_____

_____

_____

寫下和這個決定有關的兩個主要選項：

選項一
↓

選項二
↓

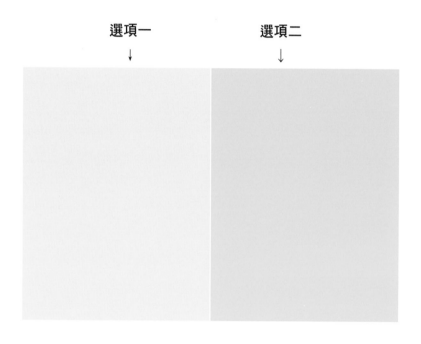

　　現在，圈出那個最讓你害怕的答案。請記住這個選項，接著繼續往下讀。

直球對決恐懼的過程

　　直球對決恐懼有六個階段,任何恐懼都適用。這不是我在網路上看來的,而是我自己在直球對決一百種恐懼的過程中歸納出的心得。我發現不管要直球對決多少種恐懼,我們總是會一次又一次地經歷相同的過程。

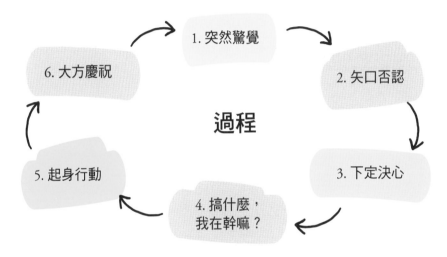

突然驚覺階段

　　試想一下,你一如既往地過著某一個尋常的星期二下午,有可能你正好在公司、學校、家裡、酒吧,或者任何你會出沒的地方。突然間,你在社群媒體上滑到某個動態,讓你出現

「哇，我絕對不會這樣做」或諸如此類的感嘆，腦海中也冒出了以前從沒有過的念頭。那有可能是一則寫著「移居印度一整年！」的貼文，或是「準備好要登上今晚的 Open Mic 了！」、「買下我們第一個家了！」、「生了三個小孩後，重拾書本回校園！」這類會把你嚇死的言論；也有可能是朋友傳來讓人意外的邀約簡訊，「欸，蜜雪兒，今年要不要一起報名做海外志工？」意識到自己根本沒考慮過那些事情的瞬間，會讓你突然瞪大雙眼，接著吐出大大的「蛤？」——這就是突然驚覺階段。

矢口否認階段

突然驚覺階段一過，你馬上就會害怕自己得去做幾分鐘前從未想過的事，腦子還會冒出好幾百個自己不應該面對恐懼的「正當理由」，例如：「我還沒準備好要做這件事。」、「我要是做了，我爸媽會瘋掉」、「我沒有本錢這麼做。」只要能夠回到舒適圈睡個好覺，並從此忘掉自己居然想要抓住機會，你什麼理由都搬得出來。這就是矢口否認階段。大多數人都停在這個階段，理直氣壯地安逸過生活。

下定決心階段

少數熬過矢口否認階段的人，會意識到自己的「正當理由」只是藉口，大多是恐懼在搞鬼。他們內心會這麼想：「我去

做這件事的話，說不定會發展得很順利？」突然之間，期待感和興奮感都跑出來了。你會發現自己還來不及多想，就已經在擬定戰勝恐懼的計畫了！這就是下定決心階段。你下定百分之百的決心要辦到。看看你，是不是很興奮呢？

但是從下定決心到起身行動，我們還得經歷一段想躲也躲不掉，讓大多數人都動彈不得的階段。我稱之為：

「搞什麼，我在幹嘛？」階段

到了這個時候，你會語重心長地問自己：「我把自己推進什麼坑了？」你差點就要起身行動了，恐懼卻半路殺了出來。現在你滿腦子只想得到最糟糕的後果，讓你打從心裡相信自己很可能會……死掉。你可能會死於尷尬、情感傷痛或肉體疼痛；我的意思是，搞不好降落傘會打不開。要是起身行動的結果只會帶來失敗呢？沒錯，那是極有可能發生的事。或者至少你是這麼說服自己的。只有非常非常勇敢的人才能克服心裡最負面的想法，成功跨過這一關。這就是我撰寫本章的目的：**幫助你起身行動。**

起身行動階段

下一頁的「你在這裡」地圖會幫助你理解。它類似百貨公司的位置圖，但簡單得多。地圖上有一個大圈圈寫著「舒

適圈」，遠遠的地方有一顆星星標示出「你在這裡」。這就是我們進入起身行動階段的真實情況。「這裡」指的是我們感覺「不舒服得要命」，所以起身行動；「這裡」指的是我們說出：「謝謝這一切，但是我不幹了！」、「欸，老爸，其實我是同志。」、「三、二、一，跳！」、「我願意。」、「請給我一張飛往泰國的單程票。沒錯，單程票！」或「我要離婚，仙人掌歸我！」這種關鍵時刻。

 你在這裡

舒適圈

大方慶祝階段

你曾經以自己為榮嗎？比如非常驕傲？比如驕傲得手舞足蹈？我只知道以前的我從未有過這種程度的驕傲。我以 GPA4.0 的高分從大學畢業、嫁給超棒的老公，也做了所有自己備受期待而且感到自豪的事。但是對我來說，這些事根本沒有跨出我的舒適圈，所以就算完成了也不會讓我特別引以為傲。我當時

的想法就是：完成，打勾！又少一件我該擔心的事了。但是你問我覺得驕傲嗎？一點也不。真正的引以為傲應該是打從心底渴望某件事，所以願意熬過「搞什麼，我在幹嘛？」階段，然後起身行動。走到這一步，無論結果如何，你才會真正為自己感到驕傲。記得稍微停下腳步為自己大方慶祝與加油打氣，然後再繼續上路，煩惱下一步該怎麼走。

現在我想向你下戰帖，想像自己此時此刻正在直球對決某個恐懼，小小的恐懼也可以，然後複習我剛才描述的過程。你已經在矢口否認階段了嗎？拜託！

大多數人會問我，熬過「搞什麼，我在幹嘛？」階段並直球對決恐懼的祕訣是什麼？但老實說，根本沒有什麼祕訣，就只是一個簡單卻足以顛覆一切的問題，一個賦予我透視眼這種神奇力量的問題，一個改變我的人生，現在也改變許多人一生的問題。

熬過「搞什麼，我在幹嘛？」階段

二〇一五年十月十八日，我直球對決了第一百個恐懼。下一章我會告訴你自己是如何爭取到登上 TEDxHouston 講臺的機會。這是我的終極夢想，也是我的終極恐懼。現在，我要先和你分享那天發生的事，它讓我直視恐懼，起身行動。

下午兩點十五分，我整個人都在發抖。我差不多要上臺了，卻開始感覺噁心反胃。

　　我決定要站上 TEDxHouston 時，怎麼沒想到會有這一刻？當時我內心糾結到不行，結果那次的「搞什麼，我在幹嘛？」階段超失控！我就快要上臺鼓勵大家正視自己的恐懼了，卻不知道怎麼控制自己的恐懼……我感覺自己有點像冒牌貨，彷彿自己是個營養師，明明告訴你要健康飲食，自己卻還在吃餅乾。我最需要的是一根魔杖或一個真正的工具，好幫助我面對上臺的恐懼。很可惜，我什麼也沒有。

　　長話短說，我從休息室走上講臺的過程超痛苦。那是我一生中最害怕的時刻。我賭太大了。我的意思是，這是我的第一百個恐懼，不只我爸媽在看，視覺藝術學院的教授在看，還有幾千名追蹤這項計畫的粉絲在看。不僅如此，這場演說是現場直播，所以大家都在看直播畫面。

　　我不是一個人走上臺的，有一位 TEDx 志工陪著我。那天她唯一的工作就是遞麥克風給我，然後送我上臺。我們走向舞臺時，她看了看我，還對我微笑，但我回敬她的表情卻不如她所期待。我臉上寫滿了我有多害怕上臺。當她發現我打算改變路線，走回休息室、躲回飯店、逃上飛機、跑回紐約，窩進第九十九個恐懼裡，便抓緊我的肩膀，雙眼直視著我說：「蜜雪兒！親愛的，妳辦得到的。一切會順利進行的。更何況，最壞的情況會是什麼呢？」

　　你問過自己或別人這個問題嗎？那是多麼無害又出於善意

的問題，對嗎？沒錯。沒多久，幾千個負面想法向我的大腦襲來，就連一開始我沒想過的問題都冒出來了。

最壞的情況會是什麼呢？這個嘛……

- 我可能會忘記演說內容。
- 我可能會嚇到愣在那裡。
- 我可能會讓自己丟臉。
- 我可能會讓家人、教授和成千上萬名追隨者失望。
- 我可能會就此一敗塗地。

那才是最壞的情況。多謝妳提問！現在我覺得好多了！麥克風跑去哪了？啊，已經別在我身上了！就這樣囉，再見！

正當我絞盡腦汁想出所有最壞的可能情況，試著回答那位志工的問題時，突然閃過某個念頭：如果我滿腦子只想到最壞的結果，那要如何累積自己最需要的勇氣？直到那一刻，我才決定反過來想，我謙卑地問自己：「蜜雪兒……**最好的情況會是什麼呢？**」

剎那間，我開始清楚看到隱藏在自身恐懼背後的可能性，也看到最初決定要站上 TEDx 講臺的真正原因。因此，我又開始思考各種最好的情況：

- 說不定我會表現得非常好？
- 說不定我會記得所有想說的話？

- 說不定我會讓聽眾哈哈大笑、全神貫注，甚至感到情緒激動？
- 說不定我會讓家人、教授和社群都以我為榮？
- 說不定我會為自己感到驕傲？
- 說不定我真的能鼓勵觀眾起身行動？

出乎意料之外，我不再感到那麼恐懼，反而開始很興奮。來得正是時候！因為我才剛冷靜下來，就聽到主持人說：「讓我們掌聲歡迎……蜜雪兒‧波勒！」

我在不知不覺中觸發了自己的行為激發系統（Behavioral Activation System），讓我得以克服「搞什麼，我在幹嘛？」階段並起身行動。

風險與獎勵

在此和大家說個冷知識：人類的腦神經系統中原本就有一部分是爬蟲類腦，恐懼就住在這裡。由於大腦與生俱來就內建這個區塊，我們總是會自然而然聯想到風險，而且絕大多數時候都是在採取行動前就先警鈴大作，也就是所謂的「搞什麼，我在幹嘛？」階段。只不過，我們若想直球對決恐懼並養成習慣，就必須重新設定大腦，讓它專注在獎勵，而不是風險。

最・好・的・情・況

會是什麼呢？

根據英國心理學家傑佛瑞・葛雷（Jeffrey Grey）的說法，大腦有兩套主要系統會影響我們每一個決定：行為激發系統與和行為抑制系統（Behavioral Inhibition System）。

在我眼中，**行為抑制系統**會對風險產生反應，阻止我們採取行動；就是這套系統總是苦苦哀求我們待在舒適圈安於現狀，也是這套系統選擇只聚焦風險，並要我們依此行事。

舉例來說，正如你已經知道的發展，主持人點完名後我是邊跳著雷鬼動邊踏上舞臺的。我真的是豁出去了！要是這樣做還沒有把觀眾嚇跑，我甚至要求大家一起跳。絕大部分的觀眾通常會選擇目瞪口呆地留在座位上，無視背景音樂以及那個要求他們起身跳舞的人（就是我）。他們都對行為抑制系統產生反應。他們腦子裡快閃過各種可能的風險，最後選擇舒服地坐在位子上等待其他人出動。

那些決定接受挑戰勇敢站起來扭腰擺臀的聽眾，則是有意識接收**行為激發系統**指示的人。這套系統是由獎勵所觸發，並且會鼓勵我們採取行動。所以在那一瞬間，他們想到的是潛在的獎勵，好比讓自己清醒一點、展現自己的舞姿，或是做出一些完全跳脫舒適圈，最終卻會讓他們感到自豪的事。

我們若想擇成長而非安逸，首要之務就是聚焦獎勵。請問問自己：「最好的情況會是什麼呢？」並寫下所有最好的可能性。再來就是看我們願不願意聚焦這些事情並採取行動。這就是改寫大腦迴路並養成去冒更多險的最佳方法，你越頻繁練習，這種思考方式就會越自然地在腦中浮現。

我再也不需要魔杖了；我有自己的超能力，現在你也有了。

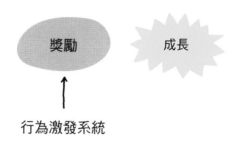

行為激發系統

行為抑制系統

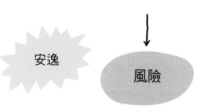

透視眼

　　我把這項工具稱為我的超能力，是因為當我充分運用它時，總覺得自己好像有透視眼。

　　進入「搞什麼，我在幹嘛？」階段時，我們往往會忘記初衷，也就是自己最開始決定要直球對決某一種恐懼的主要原因，眼中只看得見擋在前方的高牆，每塊磚瓦都是負面訊息，

例如：「你做不到啦」、「你還差得遠了」或「你以為你是誰啊？」這些都只是恐懼在說話。想要看破恐懼的手腳，只有一個方法，那就是問自己：「最好的情況會是什麼呢？」這不僅是越過恐懼並聚焦獎勵的最佳時機，也是觸發行為激發系統的大好機會。

你大部分的時間是對哪一套系統產生反應？你大多數的決定是出於某個機會的潛在風險還是獎勵而做的？

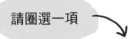

請圈選一項

- 行為激發系統：我比較常對獎勵產生反應
- 行為抑制系統：我比較常對風險產生反應

在我們進入下一個主題之前，我希望你問問自己：如果你選擇實現自己在前面幾頁圈選的項目，「最好的情況會是什麼呢？」請寫下五個你採取行動以後，有機會得到的五種可能的獎勵：

如果我做了……

_____

_____

_____

可能會發生這種情況：

_____

_____

_____

_____

感染力

　　每個人心中對於成長的定義都不太一樣，我認為的成長可能對你來說很安逸，反之亦然。另外，此刻你認為的成長，可能在幾個月或幾年之後變成安逸。只有你能定義每個當下自己眼中的成長是什麼。

　　神奇的是，無論對你來說成長是什麼，當你決定和他人分享故事時，光是選擇與勇氣為伍這麼簡單的動作就能激發許多人有樣學樣。恐懼是全世界最能引起共鳴的情感；這也是為什麼它的力量如此強大。你可以讓身邊的人跟著你一起恐懼，或是帶給對方勇氣。我選擇散播勇氣。以下分享幾則我最鍾愛的故事，都是發生在那些接收到我的訊息後採取行動的人身上，或許其中幾則會讓你感同身受。

七個素人的成長故事

1

「對我來說，成長就是即使說話結巴也要為自己發聲。」

薩加・L（Sajia L.）

父母分開後，我開始口吃，那感覺好像喉嚨被扼住，讓我說話時斷斷續續。我想和他人交換想法與意見，卻因為控制不了自己而作罷。沒有比這更糟的事了。

我開始進入銀行工作後，口吃變得更明顯了，尤其是必須和主管溝通時。由於他是急性子，有幾次我的話還含在嘴裡，他就已經轉身走人了。

有一天，我鼓起所有的勇氣對他說：「我必須向您報告一件事，但要請您耐著性子聽我說，因為我知道一旦自己開始結巴，您就會關上耳朵。」聽到我這麼說，主管整個人都傻了。這次換他啞口無言。他立刻向我道歉，第一次好好聽我說話。

那真是意想不到的發展，同時也讓我明白，我的聲音很寶貴。我現在才意識到傾聽他人說話比什麼都重要。傾聽是發掘他人想為我們帶來什麼美好事物的唯一途徑。

2

「對我來說，成長就是刺一幅愛自己的刺青，

不需要經過任何人同意。」

安德亞・R（Andrea R.）

去年我的心碎了，這是我第一次經歷（過）這種心痛的感覺，我痛苦到一度以為自己會在某個時間點就這樣離開人世。

在那段時間裡，唯一能撫平我心中焦慮的就是大海的聲音。我下載了所有的冥想App，連續好幾個小時在離海灘不遠的家中望著大海。我深深被來來去去的海浪吸引，也就是在那個時候，我腦中閃過一個念頭：我要去刺個海浪刺青，當作告別第一次心碎的儀式。

我爸媽是我見過最有愛心的人，但是他們不理解也不支持當代社會對於平權、非異性戀族群（LGBT）權利以及其他眾多事物的觀點——包括刺青。儘管他們不同意，我還是刺了波浪刺青。

雖然它只是個刺青，卻對我意義重大。它代表我為自己挺身而出；代表我可以自己做決定，不須父母同意；代表我正在走出人生第一次心碎；代表我就算得不到所有答案還是會好好的；代表我正在成長、正在變勇敢；代表我相信自己，內心充滿確定感；也代表我像潮水一樣向前奔流。

我領悟到自己並不是別人要我成為的那種人，這給了我力量，讓我能夠去選擇自己想成為怎樣的人。

3

「對我來說，成長就是年輕女性自己去拉丁美洲旅行。」

潔西卡‧L（Jessica L.）

我想這一切都要從我在蜜雪兒‧波勒某一場演講中拿到的貼紙開始說起。

「要是我有勇氣的話，我想要……」

我最後這樣寫：

「要是我有勇氣的話，我想要自己去旅行。」

也許那張貼紙毫無意義，我也沒必要真的直球對決這種恐懼，但聽完演講後沒幾天，我有個朋友真的開始追求她貼紙上的願望！那就是所謂的臨門一腳，讓我下定決心出發去祕魯古城庫斯科（Cusco）旅行。

此時，我開始不斷想著計畫可能會出包。在飛機上，我把所有想到的恐懼筆記下來，想要做個實驗，看看實踐計畫前後的感受有何不同。出乎意料的是，當時我懷疑或害怕的事情和實際情況完全不一樣。說真的，沿途偶遇其他獨旅者的經驗，就像淺嘗了這個世界所獻上的美好滋味。

我學到漫無目的閒逛的美好，不再猜想事情會怎樣發展，而是全心感受旅途中偶遇之人與所經之處帶來的神奇體驗。這一切全都來自對機會敞開心胸。

4

「對我來說，成長就是在婚禮前幾週，
把戒指還給當時的未婚夫。」
蘿拉．E（Laura E.）

當前男朋友向我求婚時，我接受了！在那一刻，我的未來
看起來非常美好。幾個月過後，我的胸口開始感受到寒意……
就好像有塊巨大的冰塊正在被外力所融化。

過了一陣子，這種感覺轉化成好幾千塊冰岩，壓得我喘不
過氣來。於是，我去看了心理治療師。這是我此生做過最好的
決定。在她小小的辦公室裡，我看見了事情的全貌。

雖然我當時的未婚夫在眾人眼裡是遠勝於完美的對象，但
我一點也不這麼覺得。正因為他具備許多令人欣賞又獨一無二
的特質，我說服自己相信他就是「命中注定」的那個人。但其
實我未必愛他。

某個星期三下午，我結束了這段關係。我意識到除了我自
己，沒有人應該對我的幸福負責；除了我自己，沒有人應該為
我的幸福奮鬥。我從想著「自己的人生差不多大勢已定」到突
然間得重頭開始，而我百分之百確定這才是對我最好的。

和對的人共同生活與維持婚姻就有夠難了，沒有必要再嫁
給錯的人，讓事情變得更複雜。我終於在內心深處找到平靜，
並深深享受這種愛自己的全新感受。

「對我來說，成長就是以成為家庭主婦為榮。」

丹妮拉・G（Daniela G.）

　　我一向覺得自己是崇尚自由的人：自己當老闆、熱愛旅行而且經濟獨立。那就是我成為人母之前的生活方式。

　　後來我懷孕了，我實在很不想在白天工作時把女兒交給陌生人照顧，於是我做了當時自以為不是太困難的決定：自己照顧女兒，二十四小時，全年無休。

　　當全職媽媽讓我感到自己比其他人渺小。有很長的一段時間，我都覺得自己似乎還不夠好。我覺得很丟臉，好像自己的生活對其他人毫無意義。這是社會所創造出來的產物，同時也是種壓力，讓我們覺得應該要在這個世界上當個「有用的人」。

　　所以，我替自己找到了盟友：新朋友、書籍、文章，以及有助我了解全職媽媽這份工作有多重要的社群媒體帳號。神經科學甚至表示小孩和媽媽親近，是他們大腦神經細胞發展出健康連結的基礎。

　　我從未錯過女兒長牙、開心咯咯笑或學會走路的時刻。我直球對決自己害怕成為家庭主婦的恐懼，這不僅改變了我的人生，更扭轉了我看待與理解世界的角度。

6

「對我來說，成長就是出國當志工，

幫助真正有需要的孩子。」

蜜雅爾・E（Mijal E.）

我一向樂於助人，所以我的夢想就是去非洲孤兒院當志工，但是我除了上網滑滑照片想像這種體驗之外，其實沒有真的去做過什麼。我想自己不敢真的去做這件事。

我大學才剛畢業，就有個很好的朋友說她也想這麼做。於是，我們打包行李去肯亞待了五個星期。

我們毫無概念究竟是把自己推進了什麼坑。過去我們視為理所當然的每一樣東西，在當地都成了奢侈品。我直到無水可用才知道，原來以前水龍頭一開就有水的生活稱得上特權；除非老天放晴，否則我們也沒有電力可用；我們的廁所說穿了只是地上的一個坑。

短短幾天內，我的個人恐懼全消失了，我唯一關心的只有讓當地的孩童開心。

我學會欣賞生活中簡單的小事。一旦你看到這些孩子們實際上有多快樂，就會對自己下雨天被關在家裡就要抱怨而感到罪惡。

> 「對我來說成長就是，不顧社會期望，
> 辭掉穩定的金融工作，幫助老婆的事業。」
> 亞當・史諄瓦瑟（Adam Stramwasser）

　　自從我們結婚以來，蜜雪兒和我就互相幫忙完成各自的計畫。我們一直視彼此為合作夥伴，任何對某一方來說最好的事，也就是對團隊最有利的事。

　　蜜雪兒結束 TEDx 演講後，我們發現有個大好機會在等著我們。我知道要是我撥出時間加倍投入蜜雪兒的演說事業，我們可以做出一番成績。但是我畢竟埋首苦讀多年，還拿了雙學位，選在此時半途而廢，還得放棄身為家庭經濟支柱的地位，成為跟在老婆身邊的助理，這個念頭真的嚇到我了，更不用說社會的期待讓這個決定變得更難了：

　　「亞當是蜜雪兒的左右手。」

　　「亞當幫蜜雪兒提包包。」

　　「亞當的老婆在賺錢養家，他可以『享受人生』了。」

　　我很慶幸自己有勇氣傾聽內心的聲音，而不是其他人的建議。全職投入蜜雪兒的事業不只讓我們一舉躍為成功的創業家，更讓我發現自身的熱情，也得以打造我的個人品牌。否則，今天的我仍然只會是個在老闆底下唯唯諾諾，為了五斗米折腰的上班族，完全沒有機會找到人生目標，而蜜雪兒的事業也絕對不會像現在這樣一飛沖天。

成長

成長掌管我們自身的幸福和命運。

成長是規劃人生時刻意為之的行動。

成長是傾盡全力實現自己的目標。

成長是無視他人指指點點，跟著內心的聲音走。

成長是成為自己生命中的主角，而非受害者。

成長就是自由。

成長是一種選擇。

在你進入下一章之前，請和自己訂下合約：

「我，＿＿＿＿＿＿＿＿＿＿＿，對自己承諾，每當機會來臨，必將選擇成長而非安逸過生活。因為我相信自己、我值得幸福來敲門，而且我的未來操之在己。」

＿＿＿＿＿＿＿＿＿＿（簽名）

成長

是一種選擇。

第七章　懶／人／包

請造訪 hellofearsbook.com，你會發現本章最吸睛的活動。

→ 觀看我在 TEDx 的演講和幕後花絮。

→ 觀看賽斯‧高汀在「行銷業年會」（99U）關於「蜥蜴腦」的演講。

→ 造訪 hellofears.com 閱讀更多勇氣故事。

→ 造訪 Instagram 帳號 @stramhacks，深入了解亞當辭職後開發
　　的個人品牌。

> 你若不是往前走向成長，就是退後走向安全。
> ——馬斯洛

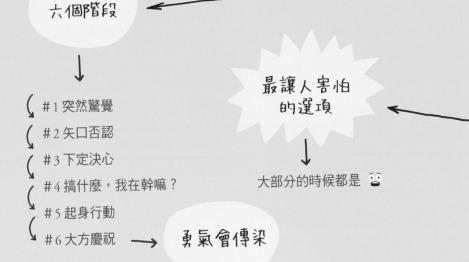

六個階段

#1 突然驚覺

#2 矢口否認

#3 下定決心

#4 搞什麼，我在幹嘛？

#5 起身行動

#6 大方慶祝 → 勇氣會傳染

最讓人害怕的選項

大部分的時候都是 😮

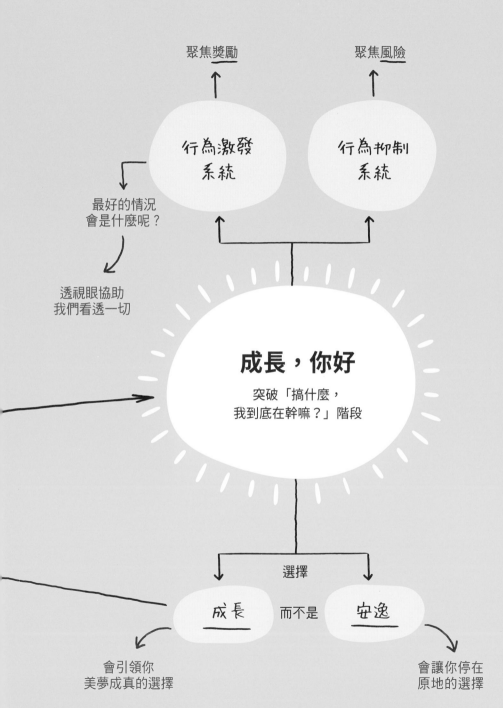

聚焦獎勵　　　　　　　　聚焦風險

行為激發系統　　　　　行為抑制系統

最好的情況
會是什麼呢？

透視眼協助
我們看透一切

成長，你好

突破「搞什麼，
我到底在幹嘛？」階段

選擇

成長　　而不是　　安逸

會引領你
美夢成真的選擇

會讓你停在
原地的選擇

「當然好啊！」
你好

學會說出你想要、你需要、你應得的事物

親愛的哈維爾，我是蜜雪兒‧波勒。此刻我正在進行一項「百日無懼」的個人計畫。我已經直球對決了八十九種恐懼，現在正在計畫第一百個恐懼。隨著這項計畫在網路上得到越來越多迴響，它教會我許多始料未及的事物，我認為或許自己能夠透過 TEDx 講臺與全世界分享那些珍貴的經驗。你是否願意讓我在十月十八日的活動登臺？

二〇一五年，我透過領英（LinkedIn）私下傳訊息給位於休士頓的 TEDx 籌辦單位。對方聽完我的故事非常興奮，不過有個問題：我和休斯頓有任何地緣關係嗎？

在我絞盡腦汁草擬出十五種自己和休士頓各種可能關係的版本後，我選擇對他說真話：很遺憾，沒有。

我特別選擇這處 TEDx 的真正原因是它的舉辦日最接近我的計畫截止日。

親愛的蜜雪兒，很遺憾聽到妳的回覆。我們試著邀請與休士頓觀眾有連結的講者，最好是當地人。預祝妳的第一百個恐懼計畫順利完成！

怎麼會這樣？！

要是你會怎麼辦？我有兩條路：（一）換個方式直球對決我的第一百個恐懼；（二）打從我展開這項計畫以來，就夢想著

要完成這項挑戰：登上 TEDx 講臺，我可以再試著爭取一次。我選擇了第二條路。

突然之間，我變成自己所見過最堅定的人，寄了一封長長的信給哈維爾，鉅細靡遺地陳述為何他應該邀請我擔任這項活動的講者。我洋洋灑灑列出自己深信不疑的諸多原因，好比我談到勇敢是放諸四海皆準的中心思想，因此這個主題會讓所有生活在休士頓、中國、波蘭、巴西與世界各地的人都心有戚戚焉。最後我向他保證，每一名在座的觀眾聽完後肯定都會起身採取某種勇氣的行動，即使只是微不足道的作為。我打從心底知道，這場演說必將大大改變我的生活，也會顛覆許多人的生活。因此我嘔心瀝血地寫出真心話，然後義無反顧地發出這封信。反正我完全沒有損失，但只要有一點點收穫就算贏了。

對方十天後才回信給我。整整十天，我都是在自我懷疑和不確定感中度過的。不過十天後，出乎意料地，我收到了哈維爾的信：

> 蜜雪兒，我看得出來這項計畫讓妳脫胎換骨，變得超
> 堅強。我由衷佩服。歡迎加入 TEDxHouston！

太棒了！

這是我此生第一次喜極而泣。當時我獨自坐在家中的筆電前面，讀了哈維爾的信之後，我的眼淚開始不停往下掉，因為：（一）我可以站上 TEDx 了！這是我畢生的夢想；（二）我

真的爭取到了。我很驚訝自己的那封信發揮作用了，我的堅持有回報了！**當你鼓起勇氣開口說出自己想要的東西時，你真的就能得到；當你打從心底相信自己時，別人就會相信你。**那封信不僅說明一切，甚至展現了更重要的意義。

如果你害怕爭取自己想要、需要和應得的事物，這一章就是為你量身打造。以前的我，就算明明很討厭某道料理，甚至發現裡頭有三根又短又捲的可疑毛髮，也會說出：「謝謝，真的很好吃。」現在的我則會這麼說：「服務生，我不太喜歡這道菜，而且……你看！」我不認為自己是個愛討好的人，但確實會不惜一切代價避免衝突，為自己挺身而出從來就不是我會做的事，但那卻會賠上自己的好心情。本章的目標就是要協助你成為自己這輩子所見過最堅定的人。

「不用了，謝謝。」

你知道什麼事比被拒絕更讓人難受嗎？答案是拒絕某人或某事。你試過嗎？我真心討厭這麼做。不過，在整個百日計畫的過程中，我學到了說不以及拒絕那些我們確信不適合自己的事物有多重要。或許是扯我們後腿的合作對象、名不符實的頭銜、價值觀與自己有出入的公司、讓我們不舒服的請求，或是像我的狀況一樣，和某個國際品牌合作。事情是這樣的：

我們先倒帶一下。我的百日計畫在網上瘋傳之後，合作機

會也有如潮水般湧了進來。剛開始，我對這個現象與自己得到的所有關注興奮到不行，因此無論是 Podcast 節目邀約、潛在客戶的電話、媒體採訪或合作機會，我都來者不拒。其中有些是詐騙、有些根本在浪費時間，但也有些是來真的。

說到來真的，在我收到的眾多信件當中，有一封是我大學時期最想進去的廣告經紀公司寄來的。它手上有個無糖口香糖品牌 5 Gum，當時的行銷口號是「五秒後人生大不同」（Life Happens in 5），說的是直球對決恐懼的關鍵五秒鐘。簡直和我的計畫不謀而合，對吧？這間公司找上我，希望雙方能夠展開合作，甚至願意贊助我的第一百個恐懼。

在當時，我還在對決第六十個恐懼，離最後一個恐懼還很遠，就連 TEDx 演講都還不在我的選項裡。有知名廣告經紀公司找上我，還想出創意十足的方式直球對決我的第一百個恐懼，聽起來真的是超級無敵美好，於是我同意了，雙方也旋即開始合作。

我有一整個創意團隊為我效力，向我拋出最後一個挑戰的點子。這一切讓我忙翻了，也讓我覺得很不可思議。我從擔任廣告公司創意團隊的一員，想好提案讓品牌和網紅買單，到突然間升格成網紅，由品牌向我提案。有沒有搞錯？

來來回回了幾個星期以後，第一百個恐懼也一天天逼近，這時團隊想出一個很棒的點子。那就是……驚喜！沒錯，他們想把我的第一百個恐懼包裝成一場驚喜，我必須前往某個隨機選定的地點，然後直球對決**他們**決定我應該面對的某一種恐

懼。好喔。看起來它們非常認真看待挑戰恐懼這件事。假如他們的出發點是想要把我嚇死，那確實奏效了，而且遠比我設定的時間還要早。

當時，亞當打給經紀商，告訴對方其實他們應該先和他討論這個想法。他很清楚我的百日計畫，而且超級懂我，所以他的判斷是「謝謝，但我們拒絕。」

這是它們的提案：

選項一：把我從紐約最熱門的摩天大樓地標洛克菲勒中心垂降到地面。

選項二：把我綁在一架小飛機的機身上方，用各種瘋狂的花式飛行載著我飛越拉斯維加斯。

你會選哪一項？如果你像我一樣，我希望你的回答是「都不要」。這兩個提案都算是挑戰極限，和我的個人品牌與計畫不太相符。所以，想當然嘍，亞當會先和我討論這些建議，他知道我不會接受任何一項挑戰作為自己期待已久的終極恐懼。

我問亞當：「我們應該放掉這個機會嗎？」但這下子我們的損失可大了。你有過這種感覺嗎？眼前有個天上掉下來的大好機會，但不知怎麼的你就是覺得不太對勁？這筆交易完全可以幫我把計畫推到新境界。另外，我幾個星期前才剛辭職，而對方開出的價碼將會減輕我們的財務壓力。但是我打從心底感覺哪裡不對勁。我心裡很清楚，我想要自己的終極恐懼超越生理層次，以帶來更有意義的影響力。

所以，經過深思熟慮，我決定拒絕這個機會，同時寄出那

一封毛遂自薦站上 TEDxHouston 講臺迎向恐懼的電郵給哈維爾。

這個決定不僅標示著我的演說生涯從此揭幕，更提醒了我追求內心感覺正確的事情有多重要，絕對不要被「看似」很夢幻的表象牽著鼻子走。拒絕 5 Gum 的感覺就像是正視自己的恐懼，我指的是相信自己直覺的恐懼。

在我執行計畫以前，無論遇到什麼樣的機會，老是會對自己害怕的事說：「謝謝，但我拒絕！」現在的我則會對那些可能不會為我的人生帶來意義，或是不會讓我真心感到快樂的事物說：「謝謝，但我拒絕！」若要說有什麼東西一去不回頭，那就是時間。**時間是我們最寶貴卻也最常輕忽的資產。**

「晚點再說」

「總有一天我會重返校園完成我的學位。」

「我討厭這裡，再蹲三年爬到高位就不幹了。」

「最後我一定會和他／她分手。」

是不是很耳熟？

問題是，我們的人生苦短，每次對不喜歡的事情說「好」，就是在對真正想要的事情說「不」。那種感覺就像是我們對於改變的恐懼遠勝過對於把此生的時間都用來等待的恐懼。

妳對自己不怎麼愛的男友說「好」，就是對生命中的真愛說「不」，而他正等著在一切太遲之前能和妳在人生的路上相遇。你對搞慘私生活的工作說「好」，就是對理想的工作機會說「不」。

我們每天做的決定也是如此。我們每次答應和相處不來的人見面，就是在拒絕多花時間陪伴我們關心的人；忍不住在網飛上再追一集劇，就是在推遲個人計畫進展；硬著頭皮幫助別人，就是置自己於不顧。

我不是要你當個百分百的自私鬼，但出於某種原因，我們總是認定把自己、需求和渴望放在最後沒什麼關係。其實很有關係。我們需要學會更常對別人說「謝謝，但我拒絕！」；更常對我們自己、未來和幸福說「好的，來吧。」

「如果你對某件事說不出『我好想要！』那就說不要。」
——德瑞克‧席佛斯（Derek Sivers），作家、音樂
家、創業家

當你打從心底相信自己，
別人也會相信你。

客套婉拒

　　說「不」其實不見得意味著「我才不鳥你」或「我不喜歡你」，只是在說「現在我手上有更重要的事」或「我要為自己做這件事」。我們必須學習如何在尊重自己的渴望又不傷害別人的前提下，客套婉拒邀約、請求或幫忙。

　　就拿我來說，我得回絕許多請求，才能騰出時間寫我的書。沒錯，就是這本書。因此，「蜜雪兒，柏林的廣播電臺想採訪妳，有空嗎？」甚至是「我也住在紐約耶，找一天碰面喝杯咖啡吧？」之類的電郵，最有可能被我客套但堅定地婉拒。

　　以下幾個步驟可以幫助你決定該不該說「好」，還會教你如何說「不」。

步驟一

　　想一想這幾天或這幾個月收到的請求，它們在你的腦袋裡轉個不停。留意一下，自己最初收到問題時的反應如何。要是你得貼一張表情符號描述當下的感受，會是哪一張？

　　如果第一時間你的反應像是第一號表情符號，而且想了一下之後還是會咧嘴大笑，那你還坐在這裡讀這本書幹嘛？趕快

跟提出要求的人說「好啊！」快去！快去！

如果你是選任何其他的表情符號，那很可能就是要說「不」。但是請先讀完步驟二：

步驟二

你知道，其實你不用秒搶答。（跟你說，這部分我做得超爛。）要是你對收到的請託沒有腎上腺素激增，而且也打不定主意要怎麼回覆，不妨這樣說：「這個想法挺有意思的。我先想想再回你！」然後花點時間找你敬重也尊重的對象商量一下。

步驟三

假設你的內心有 50% 高喊「好」，但是另外的 50% 狂喊「不」，你該怎麼選擇？此刻就是你跟自己玩真心話大考驗的時機。請問問自己：

一、我想回覆「好」，是真心還是因為別人想？（有人催著你去做你不想做的事，但是你又不想讓媽媽、夥伴、老闆、朋友、兄弟、女兒……呃，還是陌生人失望？我早就見怪不怪了！我還曾經屈服於服務生的死魚眼，莫名其妙點了一杯紅酒！）

二、我想回覆「好」，有沒有可能只是因為自己不敢說「不」？（你眼前冒出看似不錯的機會，雖然內心深處告訴你

不要接比較好，但你又很害怕錯失良機？）

　　因為他人的需求或出於恐懼而做出的決定，無法帶領我們走向遠方。

點頭說「好」的理由：

一、此時此刻感覺很對，你的直覺在告訴你努力爭取！

二、它可以引領你邁向目標，即使它本身帶有挑戰性（以事業、人際關係、健康、生活等各面向來說）。

三、帶給你喜悅。

　　如果你最後還是決定拒絕請託或機會，該如何漂亮說不就是重頭戲了：

步驟四

　　既然你已經定義出人生最想要和沒那麼想要的事物是什麼，就可以開始可以建立界線。這一步可以幫你婉拒請託，這樣一來，其他人也會比以往更尊重你。

　　在這個步驟中，最重要的環節就是重視你為自己訂下的界線。要是你自己踩線犯規，就別再奢望別人會尊重你的界線了。

- 如果你說你只在星期三開會，就別同意在星期二或星期五排會。
- 如果你說好星期四晚上是你和另一半的約會日，請務必

為他們空下這個時段。

- 如果你定下規矩，不論是誰最多都只能在你家住一星期，不管對方是誰、處境如何，都要盡可能說到做到。

- 如果你下定決心晚上八點之後不用手機，要多花時間在家裡陪伴家人，那麼八點之後就不要接電話，也請提醒別人不要打給你。（是的，老媽，妳也不例外。）

我們這樣做就不會顯得是看在特定對象或特別請託的份上做決定，也就不會惹毛別人懷疑你是衝著自己來的；反而感覺比較像是「十分感謝你提問，我由衷感激你的細心考量。但這次請恕我不得不婉拒，因為目前我只考慮／聚焦／安排空閒時間／接受『這裡請自由填空』」。這類回覆感覺比較籠統，你不用鉅細靡遺，而且可以為往後的潛在機會留一條後路，更能顯示你知道該如何設定界線、尊重自己的時間。這一點可說是難能可貴。

事實上，對你愛的人說「不」還會加深信任感。沒錯，真的是這樣。

如果你正確處理說「不」的技巧，你愛的人會了解，你說「不」是由於你很自重，這也會讓他們明白，他們同樣可以對你說「不」，而且你希望他們也能自重。一旦你說「好」，他們就很清楚，你是打從心底認真期待你答應的事，也就會因此好好善用你的同意。這樣做可以將不滿的負面情緒排除在雙方的關係之外，因為你們倆都可以坦誠面對自己的優先排序、想

要和需要的事物。

拒絕某人或某事時不該做的事：

- 怪罪別人。

- 訂下界線又越界。

- 視不同對象找不同藉口。

- 口頭或肢體語言暗示對方，要是他們真的很堅持，你就可能改變主意。（請留意，別發送模稜兩可的信號，請透過口頭與肢體語言明確地說不要、不要。）

- 說「好」而非「不好」。聽起來有點蠢，但我們有人就是很容易屈服於壓力。我們一開始確實會說不要，但說著說著就變成：「要是這樣的話，那就有可能……我想……好喔。肯定沒問題。」我就做過這樣的事！

態度堅定是關鍵

無論是說出想要的事物，還是拒絕不想要的東西，態度堅定是關鍵。

態度堅定不是咄咄逼人或把自己的觀點強加在別人身上，而是能夠用冷靜且積極的態度捍衛自己或他人的權利，尊重自己與他人。

以德報怨

　　有一次我和亞當一起從一場青年領袖聚會趕往下一場活動，途中發生了一件幾乎毀掉整趟旅程的意外。

　　由於飛機故障，我們從原來的班機被換到不僅晚很多而且航線截然不同的航班。對於這個改變，我感到興奮嗎？才沒有。我最不想見到的結局就是錯過活動，讓六千名高中生失望。

　　就在飛機起飛前，空服員走近我們鄰近緊急出口的座位，低聲詢問：「妳是否願意並且可以在緊急情況發生時提供協助？」這是空服員在起飛前會問這區乘客的標準問題。我那時正在看網飛的節目，所以沒有多想就抬頭應了一聲「是」。

　　結果，空服員剛剛根本就不是問我那個標準問題，她問的是：「妳對緊急出口座位有任何疑問嗎？」結果我說是。這真是天大的誤會。這位小姐沒心情開玩笑或是搞烏龍，她火速命令我移到飛機後排的座位。我哀求她原諒我，也請她倒帶重問一次。她確實是倒帶了，卻是重覆命令我：「現在站起來，移到飛機後排去坐。」認真的嗎？

　　當下我真的滿腔挫折，拿出手機就對著她錄影。各位，這是超級愚蠢的錯誤示範，千萬不要學。這位空服員很生氣，強迫我刪掉影片後還試圖要趕我們下飛機。

　　再錯過那班飛機完全不在我們的考慮範圍。於是我們苦苦哀求，終於求到她點頭同意讓我們留在機上，但條件是我們的手機得全程交由她保管。算了啦。我們乖乖坐在機尾，整路覺

得丟臉到家了，神經超緊繃！

　　航程中途，亞當給自己下戰帖，要來個絕地大反攻。他帶著堅定的氣勢，站起身來捍衛自身珍視的良善、同理心和開放價值。他帶著自信走到飛機前方，與稍早帶走我們的手機和尊嚴的女士交談六分鐘！（好啦，或許我是有點太誇張了。）不管怎樣，才三分鐘後她就開始落淚；再過兩分鐘她給了亞當一個擁抱。坐在機尾的我簡直不敢相信自己親眼所見的這一幕。

　　亞當手中拿著我倆的手機回到座位上，然後重述他與空服員的對話：

　　「這位女士，我不認識妳，妳也不認識我們，但是我想要過來告訴妳，我對剛剛發生的意外很抱歉。我們過了非常漫長、難熬的一天，現在只想要安全抵達下一個目的地。內人剛剛的行為是有不對的地方，但是我真心相信，要是我們起心動念就是帶著善意走向他人，一開始就能避掉像今天這樣的狀況。我們都是普通人，骨子裡也都是好人。我知道妳很善良，也知道妳只是為了機上所有乘客的安全著想。我向妳保證，內人也是好人，完全無意惹出剛剛那場混亂狀況。我們可以重頭來過嗎？對了，我的名字是亞當，她是蜜雪兒。」

　　她的回答是：「我真的是好人！」然後擁抱了亞當。

　　那天我從亞當身上學到兩堂寶貴的教訓：

　　一、以德報怨

　　二、相信自己的價值，據此捍衛自己

但是，我若想付諸行動就得先練習堅定的氣勢，這樣才能建立起自信，產生採取最清晰、明確的手段表達自我想法的勇氣。和亞當一起生活有助我從中發現，其實有一些特質和行為我們所有人都可以有樣學樣，好讓自己成為意志更堅定的人。準備好要探索了嗎？

態度堅定人相信自己的判斷

堅定與驕傲、自我、固執或智商無關，當態度堅定人的內心深知某件事的感覺對了，他們願意為了自己相信的公正挺身奮鬥。

假設你在餐廳吃飯時發現餐盤裡頭有一隻蟲在蠕動。那是事實，而且是錯的，顯然不是你放的（希望如此）。在這種情況下，非態度堅定人族群會逕自把蟲子挑出來，請服務生結帳，甚至假裝什麼鳥事也沒發生。怎麼會這樣？他們寧願避開會讓自己不舒服的對話，繼續過他們的生活。有誰贏了嗎？沒人贏。你不會拿到新餐點或折扣補償，餐廳則是可能從此少了一位客人。但是當你態度堅定時，就會為正確的事挺身而出，也讓其他人一起接受考驗。態度堅定人會挺身說出食物有問題。除此之外，還會建議餐廳彌補這個過錯。如果這家餐廳養成良好文化，也賦權員工做決定，那麼你這位客人不只會拿到新餐點或折扣補償，主廚還可能額外招待餐點。最後誰贏了？人人是贏家。你不只會心滿意足地離開餐廳，後者也贏得你的心和

忠誠度，你那一桌的服務生更少不了一筆豐厚小費。

這是我們證明自己對或錯、成或敗的關鍵時刻。請務必善用它們來變成最好的自己。

態度堅定人會犯錯，然後坦然承認

「我錯了」是我們最難說出口的話，但它也是最能帶來解脫的宣言之一，因為它不過就只是承認我們都是普通人，犯錯沒什麼大不了；實際上它是表示我們試過了。最棒的地方是什麼？一旦我們失敗並公開承認，其實會讓別人更加信任我們。

我們出於某些原因害怕承認自己的缺點，還認定其他人會給出負評，甚至會發覺我們根本不是自己說的那種人。一旦我們坦然讓他人看到自己失敗，就是在向對方展現自己的勇氣，以及做出正確判斷的勇氣和承諾。這種舉措會贏得他人的信賴和尊重。

態度堅定人不輕言放棄

當你知道必須動手完成某件事以便解決困境，得指望客服代表、教授、老闆或是資訊部同事等人搞定，但對方就是不太願意幫忙，你會怎麼辦？我通常是會說：「至少我試過了。」然後就繼續向前進。

態度堅定人知道，要是他們真的卯足全力，就會實現目

標，所以足智多謀的態度堅定人會弄清楚情況，並盡可能一試再試、見招拆招。

在態度堅定人圈子裡，我和自己眼中的佼佼者一起生活，我必須承認，要是真的試到第三、第四次，情況就會變得很尷尬。每每看著亞當死咬著不放，有時候我會想要挖個洞躲起來。不過稍後看到他就算試到第十五次才終於如願以償，我都會以身為他的老婆驕傲得要命，從此就更崇拜他了。相信我，我親眼目睹他連打十一通電話給同一家航空公司，終於成功獲准免費更改航班。誰有耐性這樣搞？

態度堅定人重視自身需求

當個善良、會照顧別人、品格高尚的人是一回事，但是當個爛好人就是另一回事了。態度堅定人可以是超級善解人意，卻不會刻意把自身需求往後放。當我們變成爛好人，正是因為我們若非想當個萬人迷，就是想要到處散播愛，往往會把他人的需求擺第一，自我照顧放最後。

這種行為或許一開始可以讓你賺到一些朋友，但最終你會明白，除了招來怨恨、欠缺自重並降低自我價值，別無其他。問題出在你周圍的那些人將會：

* 習慣被照顧。
* 最後把你視為理所當然。

- 永遠認為你過著幸福的生活，於是不再幫助與支持你。

我經常在當媽媽的女性與照護者身上看到這種情況。她們一心只想陪在兒女和另一半的身邊，以至於忘記照顧她們自己，也忘了向他人求助。

態度堅定人能夠清楚分辨自身的需求沒有獲得滿足，並且會明白指出問題，讓其他人知道他們有何需求的手段。他們不會一廂情願地假設周遭的人都會讀心術。

展現自己脆弱的一面，或是主動說出自己需要被關懷、被欣賞、被幫助，這些都不是容易的事，但如果我們想建立任何成功的關係，這些都是必要之舉。

態度堅定人絕不讓步自身的價值觀

當態度堅定人碰到必須對抗、激辯或提出請求的情況，不會害怕挺身而出捍衛自己的信念。

如果你像我一樣重視真實不虛的價值，對抗學人精應該就沒在怕的；如果你重視誠信的價值凌駕一切，就應該會鼓起勇氣面對說謊成性的夥伴，因為顯然對方就不再是你需要的同路人。如果你重視仁慈，一旦自己被惡劣對待時就會大聲疾呼，此時恐懼早已被你拋在腦後。我們正在討論恐懼，但你可以稍微回顧第四章：檢視一下你的價值觀，並回想過往曾經應該為自己挺身而出卻畏縮卻步的艱難時刻。下一次，請相信並堅守

你的價值觀，而且要為它奮力一搏。

你和自己在乎的人爭論不休時，有一項練習或許能幫上忙。那就是，開口之前請先想想這幾個問題：

- 我想討論出什麼具體結果？
- 我希望對方討論完之後會有什麼感覺？
- 我希望自己討論完之後會有什麼感覺？

這幾個簡單的問題可以讓我們更完善準備，端出正確的態度和語氣。

態度堅定人懂得傾聽

所謂的聽見與傾聽是兩碼子事。當你傾聽別人說話，實際上不只是留意說話內容，同時也會注意對方的說話方式和言下之意。這是我們和他人溝通時的關鍵。讓對方敞開心胸考慮我們的要求，最好的做法就是讓他感到被認同。當你用心傾聽，就能營造出引起他人共鳴的對話，這樣一來對方也更聽得進去。

在此時，**同理心**扮演著很重要的角色。態度堅定人會設身處地為對方著想，以便套用對方習慣的語言溝通，讓對方感到被理解、被尊重。

態態度堅定人不會將自身感受怪罪到別人頭上（即使對方做錯了）

責罵和羞辱只會誘發他人最不堪的本性。我們若想探究與解決問題，應該從表達自身感受開始，而非大談特談對方帶給我們什麼感覺。

切勿一開口就是「你你你」，改用「我」較妥；雙方溝通時也請勿一開口就是要求，改成提供較妥；還有，切勿說出「你應該」的句子，改成「我想要」比較好，這樣更能讓對方願意順勢而為。

千萬別一開始就假定對方一無是處，這麼做毫無幫助，假設盡善盡美才有利溝通。這是因為，到頭來態度堅定人會越走越近；我也堅信如果我們努力修身養性，培養自身的勇氣，所有人都可以成為態度堅定人。

態度堅定人說話算話

我寫電郵通常一落筆就是長長的三大段，但是亞當妙筆一揮，當場就會精簡成你讀過最言簡意賅的七行文字。不只是電郵而已。如果你看到我正準備解釋某件事，請先坐下並放輕鬆，我會花好幾分鐘才講到重點；亞當卻是三言兩語就闡明論點。這是態度堅定人的特質中最深得我心的部分。

我請亞當說說，當他必須寫電郵、打電話或是面對面討論

要事時，得留意什麼重點。這樣下次你就能更清晰地表達某個想法：

一、目的為何？將你的目的當成心上的第一顆大石頭，這樣你就不會講到一半莫名其妙離題，也才能確保你打從第一秒鐘就清楚表態。

二、省略不必要的資訊。一開口就緊抓住關鍵要點，瑣碎細節暫擱一旁。

三、尊重他人的時間。你與他人交談或寫信時，務必考慮對方時間緊迫。上上策就是直指重點，稍後再盡可能總結。

四、不強求，改成請求。這可是兩種截然不同的要求方式。當我們強行索求，其實是完全不尊重他人處境，硬要對方順應我們的需求，好比：「明天中午就準備好。」這種話聽起來高高在上，任誰聽了都嫌刺耳。但我們若是開口請求，一樣可以直截了當，卻帶有一分顧及他人需求的體貼。好比：「要是你可以在明天中午準備好，那就太棒了！」

五、提出解方，而非製造問題。我們總會遇到老是期待別人出手解決問題的人，好比是：「欸，珍，我不確定要怎樣處理這名客戶。他想要……」但也會遇到態度堅定人。態度堅定人都會自己先擬好一些好的解決方案，然後才發信或去電一起討論問題。好比是：「嘿，珍，這名客戶想要……所以要是我們……」這種做法可以讓大家日子更輕鬆、工作更有效率。

六、超前部署。態度堅定人不喜歡被抓到措手不及，所以與他人開會前都事先做好準備，好比研究相關人士、主題和產

業近況，提早進入情況，不再浪費時間提出基本知識問題。再者，他們準備會議時亦將預期對方提問和可能的回答，這讓他們看起來游刃有餘、做足功課。

七、用心良苦。這是界定態度堅定人的關鍵字。每個用字、每個問題、每項觀察和每次停頓的背後都用心良苦。

勇氣

每每談到態度堅定，最重要的元素就是勇氣。因為當我們化被動為堅定時可能會橫遭些許阻力，主要是我們周遭充斥習慣以某種既定方式照章行事的人。在那個當下，**唯一可以證明你的人就是你自己。**唯有你可以提醒自己，為何決定為感覺正確的事奮戰值得你放手一搏；唯有你自己才能讓他人尊敬你，也唯有你才能捍衛自己。做到這一步從來就不容易，但絕對百分之百值得。

態度堅定就像是核心肌群，透過訓練才會發達，即使得承受痠痛不適。當你越堅定有主見，就越接近實現目標、滿足需要與得其所得，有時甚至能得到更多。你懂的。

唯一可以證明你的人
就是<u>你自己</u>

從一百個「不要」迎向「是說，有何不可呢？」

採訪華裔暢銷書作家蔣甲（Jia Jiang）

蔣甲很怕被拒絕。他原本已經決定辭掉行銷職務去創業，但是他的恐懼擋在他與投資人之間，他甚至考慮要放棄創業夢。

有一天，蔣甲決定展開一段拒絕之旅。他許諾要向陌生人提出一百個天馬行空、怪誕離譜的請求，讓自己在這段旅程中對恐懼免疫。這主意有夠棒！

我最喜歡的幾項請求是：

- 在連鎖漢堡店要求漢堡續盤。
- 在購物中心要求充當休閒服飾品牌 A&F 模特兒。
- 向陌生人借一百美元。
- 問警察能否借開他的車。

還有在 YouTube 上瘋狂轉傳的那一則：

- 請求連鎖甜甜圈門市 Krispy Kreme 女店員仿效奧運五環標誌做出一份甜甜圈。結果她還真的辦到了！而且看起來超美。

我正在進行自己的恐懼計畫時就聽說蔣甲這號人物，於是決定主動聯絡他，暗自期盼他不會拒絕我！他的確沒有。蔣甲超貼心，多年來我們也一直保持聯絡。我很高興他願意接受本章客座訪談！如果說有人體現態度堅定人的精神，肯定是蔣甲！但以前他可不是這樣的。

蜜雪兒：打從你開始挑戰自己，堅定指數有上升嗎？

蔣甲：那當然！我從這段過程中學到，如果你真心相信某個想法，堅持下去必有收穫。這不是說你得強塞自己的意見給別人，而是知道如何更清楚地表達自己，好讓別人了解你的觀點。這也是堅守自己的立場，同時尊重對方提出不同意見的權利。現在我會冷靜沉著地辯駁觀點或解釋初衷。我不想變成控制狂。另一方面，當我與他人共事時，也會（建立）有適當的決策標準。

蜜雪兒：你現在看待拒絕和以前有何不同？

蔣甲：我踏上拒絕之旅之前，老是在尋找被他人接納的蛛絲馬跡。我很不會處理別人與我意見相左的情況，所以總是抱著鴕鳥心態盡可能避免衝突！拒絕療

法讓我領悟，別人拒絕你時並不是拒絕你這個人，這個覺醒幫助我練就當今這一身習慣被拒絕的功夫。

蜜雪兒：你對拒絕別人有何建議？

蔣甲：我拒絕別人時會同時提出替代方案；然後，我會主動伸出援手，打好關係。我學到說「不」其實不必然會為雙方關係畫下句點，也有可能是起點。

蜜雪兒：你現在如果被拒絕會怎麼做？

蔣甲：我現在知道該怎麼接話。不是就此把拒絕當成一切的答案，而是想成一種協商。我領悟到，拒絕某事或某人是人們想掌控一切的自然反應，並不代表對方討厭我，只是意味著我得努力消除最初的負評，事情才能走下去。現在我不再逃避，而是反問為什麼，並問：「我要怎麼做才能成事？」這才是讓對方協助我成功的做法。

蜜雪兒：你現在對拒絕抱持什麼心態？

蔣甲：我視拒絕為挑戰，而不是能躲就躲。老實說，我超想被拒絕！因為很好玩！下次你想提出要求時，

可以試著讓自己被拒絕，有時候想要被拒絕可沒那麼容易！

蜜雪兒：有些人超怕被拒絕，打死也不願意放膽一試。你可以提供一些忠告嗎？

蔣甲：當你決定收手不試，其實不是在對抗拒絕，而是在抗拒自己。

第八章　懶／人／包

請造訪 hellofearsbook.com，你會發現本章最吸睛的活動。

→ 進一步了解辯證行為治療與拒絕。

→ 觀賞「五秒後人生大不同」系列廣告。

→ 閱讀德瑞克・席佛斯的《好想要或不要》（Hell Yeah or No）。

→ 閱讀我在飛機事件後致美國航空的公開信。

→ 觀看蔣甲的 TED 演講，並閱讀他的《被拒絕的勇氣》（Rejection Proof）。

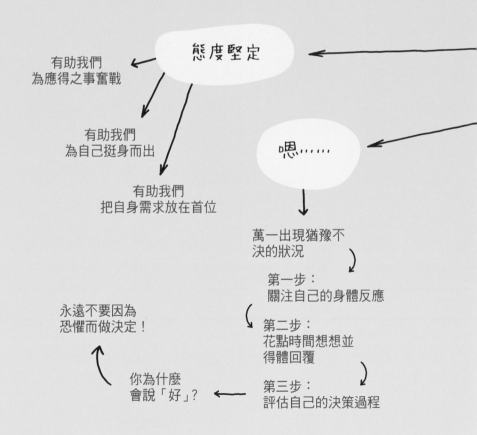

態度堅定

有助我們
為應得之事奮戰

有助我們
為自己挺身而出

有助我們
把自身需求放在首位

嗯……

萬一出現猶豫不
決的狀況

第一步：
關注自己的身體反應

第二步：
花點時間想想並
得體回覆

第三步：
評估自己的決策過程

永遠不要因為
恐懼而做決定！

你為什麼
會說「好」？

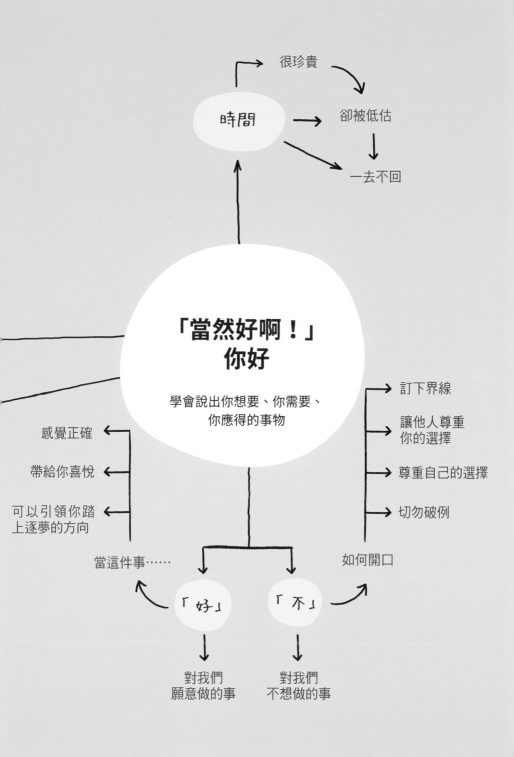

很珍貴

時間

卻被低估

一去不回

「當然好啊！」
你好

學會說出你想要、你需要、
你應得的事物

訂下界線

讓他人尊重
你的選擇

尊重自己的選擇

切勿破例

感覺正確

帶給你喜悅

可以引領你踏
上逐夢的方向

當這件事……

如何開口

「好」

「不」

對我們
願意做的事

對我們
不想做的事

第九章

成功，你好

防止自己搞砸成功

如果你能一路讀到這一章，那是因為：

一、你真心想在這個世界上成就一番事業，但這麼久以來唯一的障礙就是恐懼（即將再也不是了！）

二、你做事有始有終，開始了就要堅持到最後。太好了！你快讀完了！

三、你只是剛好拿起這本書隨便翻翻，呃……我們也走到這了。

坦白說，我從來沒讀完一整本書，實際上，這本書是我一生中必須讀完的第一本書。好極了！所以啦，恭喜你一路讀到這一章！你在讀完最後一章並放手成就一番事業之前必須討論的最後一種恐懼就是：害怕成功。

不過呢，這種恐懼和害怕失敗是兩碼子事。

「欸，等等，這和害怕失敗不是同一件事？」

我真高興你這麼問。

我在寫完第八章之後沒幾天，第一次體驗到害怕成功的感覺。我先在社群媒體上提出這件事，結果竟然引起熱烈討論！我貼出害怕成功的文章後，社群裡的人紛紛開始留言討論或分享觀點……我深深被這件事給吸引，所以決定加入這一章，來聊聊這種恐懼。事實證明，人們真的會因為許多不同的理由害怕成功，所有理由都很有道理且很有共鳴。但首先，我們能不能定義成功是什麼？

Google 的定義是：實現一個目標或目的。（我超愛此處用了「目的」這兩個字。）

韋氏辭典的定義是：獲得財富、地位、榮耀等。

社會（自從二〇一五年「網紅」崛起後）的定義是：三十歲前結婚、買房、有穩定的工作、至少生兩個小孩。對了，還要有副業、百萬追蹤數與一名燈光師。

我的定義是：將熱情傾注在正職工作並啟發他人也這麼做。

我們若想釐清人生方向，定義成功對自身的意義可說是最重要的事。就像社群導航平臺位智（Waze）或 Google 地圖一樣，你若想知道該往哪走，就得先輸入正確地址。

我們最不想做的事就是被社會定義的成功耍得團團轉。在第七章，我談到把聚焦獎勵視為追求成長之路的利器。我們大多同意金錢等於獎勵，對嗎？才怪！除非你重視金錢它才稱得上是獎勵。你重視哪些事物呢？我們必須先問自己這個問題，才能搞清楚自己心中所認為的成功是什麼。

請花點時間想想自己重視的事物，然後寫下你對成功的定義：

成功是：

接下來，我們將把重點放在那些妨礙我們邁向事業顛峰的恐懼，以及如何面對目標實現後可能帶來的副作用。

成功＝幸福？

成功百分之百是個人的事。你的成功對別人來說可能是地獄，別人夢寐以求的成功對你來說可能是噩夢。我們必須停止把成功定義為諸如擁有超多錢、追隨者或名聲，或是成家立業人生才圓滿這樣的想法。有可能你根本不需要全都做到，甚至完全不需要這些，照樣是幸福又快樂。舉例來說，有些人說什麼也不肯讓私生活曝光或被陌生人追著跑；有些人完全不考慮婚姻；甚至有些人認為超級有錢是種詛咒。但不知道為什麼，我們有時就是難以接受大家對成功的定義都不同，而且還會端出自己的定義或更糟糕的社會定義來評論彼此。

我們開始拿自己和身邊的人比較，甚至渴望自己其實不想要的事物。**你是否曾在實現了某個目標後才發現，自己其實沒有想像中的心滿意足？**你把別人認定的成功和自己的搞混了。

請記住，成功＝幸福這個等式只有在我們擁抱自己認為的成功時才成立。

兩種（截然不同的）成功定義

　　幾幾年前，我應邀前往波特蘭攻占世界高峰會演講，在那裡我遇到理財部落客彼特・艾迪尼（Pete Adeney），也就是「錢鬍子先生」（Mr. Money Mustache）。登臺前幾個小時，我問他當天要講什麼，他的回答完全出乎我的意料：

　　「蜜雪兒，我根本不該來這裡。我的主題是自己如何在六年前，也就是我三十歲時退休的。我的人生目標是三十歲前存夠錢，到了三十歲就生孩子，然後把人生都用來陪他玩，以及教他人生的道理。我現在應該在做這些事才對，陪他一起玩飛盤或其他活動，而不是在這裡背一堆投影片！」

　　我認為他的演講主題超有趣，迫不及待想聽他演講。我甚至覺得他應該去 TED 演講，但他堅持：「欸，恐懼小姐，你沒聽懂我的重點啦。我光是人站在這裡就等於完全違背了自己鼓勵大家追求的事，所以 TED 演講是我最不想做的；其實，我已經拒絕 TED 好幾次了。」

　　「彼特，但是你可以接觸到幾百萬名觀眾，而且你那段史詩般的故事絕對可以激勵他們改變人生耶！」

　　「蜜雪兒，我早就這樣做了。我經營的部落格每年有八百萬名讀者拜訪！流量可能還比 TED 還高。而且我很享受孩子入睡後可以在舒服的家裡做自己熱愛的事。」

　　彼特和我看待成功的定義截然不同。我希望他照著我的方式成功，卻沒意識到他已經用自己的方式成功了。他說得沒

錯，要是說發表演講不能帶給他喜悅，因為那代表要遠離兒子與自己熱愛的事，那這種成功有什麼意思呢？

我在前面幾頁曾要求你寫下對你來說成功是什麼，現在我希望你寫下**成功不是什麼**。對彼特來說，成功不是變成知名的演說家與環遊世界；對我而言，成功也不是指提早退休。所以，請寫下對你來說不是成功的事情：

成功不是：

_____

_____

_____

你此生最不樂見的，絕對是在自己不太喜歡做的事情或領域上取得成功。

技能 vs. 熱情

技能：我們與生俱來就會的事。我們越培養就做得越好。
熱情：當我們實際去做的時候，會帶來成就感或喜悅的事。我們不一定很擅長。

我們小時候，父母老是急著找出我們的技能。「他搞不好

會變成棒球巨星！他才三歲而已，揮棒就這麼有架勢了！」或是「她會不會是下一個泰勒絲？聽聽她唱得多好！」只要小孩們做了點讓人印象深刻的事，某些大人就會太興奮，堅持要他們可憐的孩子追求看似有點天分的事；很可惜，天生擅長某些事不代表我們真的喜歡做這件事。

因此，我這位未來媽媽的願望就是幫助兒女發掘真正的熱情，然後鼓勵他們放手追夢，而不是強迫他們投入或許做得很好但不開心的事。他們要是願意這麼做，在我眼中就已經是成功了，就算他們可能不會那樣想。

你剛才已經定義出成功是（和不是）什麼了，現在我要告訴你當人們提到成功時，腦海裡會冒出來的各種恐懼，這些恐懼大大地影響著我的人生。

全新的生活方式

在我搬到紐約攻讀品牌打造碩士學位、想出網路瘋傳的計畫、成為創業家，以及活出成功故事之前，我只是一個朝九晚七的上班族，週一至週五都得待在看得到海景的辦公室裡工作。晚上我則是用來完成兼差的接案工作，因為內容是在做品牌，不是做廣告，所以還做得挺開心的。每到週末我和亞當會開著大黃峰在邁阿密海岸兜風。每週日他都和他哥哥還有心愛的球隊一起打棒球。

我的熱血專案是我拍的影片。我參加每場活動、旅行或慶典都會帶著 GoPro 攝影機，回家後再花上幾小時編輯影片並與親朋好友分享。我剪了一支蜜月旅行、幾支閨蜜們的婚禮、一支第一個姪女希拉的誕生過程，為了公平起見，另一支是第一個姪子喬許的誕生過程。最後我會剪輯結婚週年慶的影片，當成禮物送給未來的我和亞當。這些是我個人的最愛。我會把一整年的回憶剪成十五分鐘的搞笑影片，完美捕捉那一年的精髓以及時代精神。

如你所知，以前我們的家人和朋友就在身邊。現在，那種生活已經回不去了。

當我們決定搬到紐約轉換跑道，還意外地在紐約這個被稱為「大蘋果」的都市裡找到了立足之地以後（遠比我們預期得還要早），我們的生活完全改變了。這就是和成功有關的終極恐懼。

害怕改變

有些人很喜歡他們目前的生活。他們想要賺更多錢，要是自己的技能和成就能夠得到某種認可，他們就會覺得人生沒什麼好抱怨的；要是有更多人使用他們的產品或閱讀他們的創作內容，他們會更開心。但是就算沒有這些，他們還是喜歡自己現有的生活。所以，突如其來的成功或多或少會讓人頭皮發

麻，因為那代表著許多改變：

- 沒有足夠的家庭或放鬆時間
- 更高的曝光度
- 更大的責任
- 依照新的需求和新的機會改變生活方式
- 同輩（和自己）看你的眼光不一樣

對我來說，這超級讓人興奮的，但對某些人來說可能完全相反。

如果你憑藉著從未做過的事情而成功，你的生活將會有所改變。因此，請在步上「這可能行得通」旅途以前先想想，要是真的成名了，你會不會喜歡那樣的生活？

拿我來說，前述所提到的往日生活，我真正想念的只有以前有多餘的時間為結婚紀念日剪輯年度影片。我有時間剪接那些影片的日子已經是好幾年前的事了。如果我繼續剪輯，就寫不出這本書、無法一年演講超過七十次，也沒空在 Instagram 上經營社群，更無法幫亞當打造自己的品牌。時間有限，現階段的我正用來白手起家拚事業，盡其所能地快樂過生活。我知道人生不是想要什麼就有什麼，我坦然接受這一切。

我會想念住在親朋好友身邊的日子嗎？當然。其實我每隔兩個月就會回老家。我會想念待在辦公室裡整天被老闆盯，強迫自己想出對我來說沒有意義的作品嗎？當然不！那種生活方式沒有什麼問題，某些人甚至會覺得自己美夢成真，只是我完

全不這麼想。

為了過夢寐以求的生活，我們必須放棄眼前的生活。現在請多念幾次，直到你完全明白我的意思為止。

我以前就想像自己是成功的創業家、知名的演說家、思想領袖，但若真的要走到那一步，我勢必得犧牲許多事物，像是為了獲得其他事物放棄也無妨的事物，曾讓我的生命更有意義和目標的事物，以及過去我所認為成功的事物。

以下是我每天做出的犧牲與它們帶來的好處。有沒有哪幾項是你可以犧牲的呢？

我犧牲	我得到
週末	當自己的老闆
住在親朋好友身旁	住在紐約， 地球上我們最愛的地方
有車、有房	隨心所欲移動的自由
小孩	現階段全心投入事業
朝九晚五的穩定性	爆發式成長的機會
休閒時間	做出好東西
例行公事	全新體驗

為了過夢寐以求的生活，
我們必須放棄眼前的生活。

練習

試想一下,如果要為明年設下遠大目標,它極有可能顛覆你的人生,這個目標會是什麼?練習放膽做大夢,或許是追蹤人數衝破十萬、發表新產品、開新店、出書、上電視直播、進入夢寐以求的企業、爭取到心心念念的職位和薪水,或是和你的偶像成為摯友。這個目標是什麼呢?

我明年的目標是:

現在,時間快轉到十二個月後,你為了達到目標努力再努力,然後⋯⋯你真的做到了!而且不只是做到而已,根本就是超乎預期地成功!太棒了!請花點時間品嘗成功的滋味。現在,把你的夢想放大一倍:

感覺如何？

圈出你的感覺

焦慮　　　　　　　興奮

接下來，花點時間寫下達成目標後，你的生活會有什麼正面和不太正面的改變：

正面的改變　　　　　**不太正面的改變**

你還想實現目標嗎?

圈出你的感覺

一定要!　　　　嗯……沒那麼想了

　　如果你的回答是「一定要!」請繼續看下去!如果回答是
「嗯……沒那麼想了」請回想自己的目標後重新作答,直到你
的回答升級成「一定要!」為止。不然就是讀讀下面的故事,
看看這個練習如何徹底顛覆我對成功的看法。

　　二○一六年,我有幸與雪蘿(Sheryl)聊天,她在紐約創辦
公司並擔任執行長,擁有上百名員工,簡直就是真正的#正妹
CEO(#GirlBoss)。她問了我一個問題:

> 「蜜雪兒,妳想要多成功?是想靠著和老公四處演講
> 和旅行,盡可能的賺錢,這樣一來,就算有了小孩還
> 是可以和現在一樣自由;還是想要爬上成功的顛峰,
> 開始招募大批員工、擴展規模,請得起超過五十名員
> 工,然後把事業變為妳生活的全部?如果這是妳想要
> 的生活,就得犧牲許多事物。別想要有時間晚上哄小
> 孩上床睡覺,也別想要享受個人時間或生活。當你要
> 管理員工、支付帳單和維護辦公室的時候,生活就變
> 複雜了。不用急著回答我,先好好想想。」

雪蘿的問題提供我全新的觀點去思考成功這件事，也讓亞當和我重視我們現在擁有的一切。它讓我意識到我們重視自由和時間勝過一切。我們不需要成為極具影響力的大人物，還是能夠好好享受生活。這就是我們最好趁早決定人生中想要與不想要的東西如此重要的原因。

但是無論我們有多成功，不僅我們的生活會改變，就連看待自己的角度也會有所不同。這的確是非常可怕的事。

嶄新的自我意識

我已經不是五年前那個還沒下定決心去直球對決恐懼的蜜雪兒了。我的意思是，我和那個人還是有許多共通點，但再也不是同一個人了。我的個性還是老樣子，但是這幾年來所體驗的事物、學到的東西、交往的對象以及刻意為之，我的心態有了很大的轉變。

舊版蜜雪兒是空想派。
新版蜜雪兒同時也是行動派。

舊版蜜雪兒喜歡別人解圍。
新版蜜雪兒喜歡被下戰帖。

舊版蜜雪兒對新的體驗與機會說：「謝謝，但我拒絕！」
新版蜜雪兒對綁手綁腳的想法說：「謝謝，但我拒絕！」

舊版蜜雪兒要別人認同才能自我感覺良好。
新版蜜雪兒跪求有建設性的批評求取進步。

舊版蜜雪兒很愛美。
新版蜜雪兒在乎影響力……有時還是很愛美。

舊版蜜雪兒需要亞當為了她好好的。
新版蜜雪兒要亞當自己好好的。

舊版蜜雪兒喜歡粉紅色。
新版蜜雪兒還是喜歡粉紅色（有些愛好就是戒不掉）。

　　新版蜜雪兒也不是一切都比較好，現在我比以前更沒耐性、更不寬容、更苛求、更在乎自己的時間，而且肯定更愛下指導棋。但即使這樣，我還是更喜歡新版蜜雪兒，而且我百分百確定，你也會更喜歡未來那個成功的自己。

　　但是，你在乎的對象會喜歡這個成功的你嗎？

　　你成為新的自己後，勢必會影響周圍的人。當你的生活起變化，你的摯友、家人，特別是伴侶的生活也會跟著改變。或許不是戲劇性的改變，但你已經不是從前的你了，所以你們的

關係仍然會起變化。

這不太好處理。說真的，你第一次嘗到成功滋味時，身旁每個真正愛你的人都會替你開心並且興奮不已。要是你突然看到摯友或姊妹出現在電視上，還被冠上某某專家，你會怎麼想？或許是感到很驕傲！但要是之後你打電話給對方聊心事或單純約見面，五次裡面有三次他們都說自己正忙著經營新事業、飛到各地演講或接受 Podcast 節目專訪（甚至是自己主持節目），你心裡會怎麼想？

成功會為你帶來數不清的新事物。內疚也在名單中，除非你學會怎麼管理它。

內疚

如果你總是單打獨鬥，成功可能會讓你變得很寂寞。突然間，你的人生將從與身邊的人差不多，轉變成自己夢寐以求的美好生活，你也將得到原本的生活圈裡沒人有過的機會，光是這點就會讓許多人感到很內疚，甚至無法好好享受自己努力付出換來的成功。

在我的計畫被媒體曝光前，我一邊攻讀品牌打造碩士班，一邊在廣告界全職工作。新聞剛開始報導我的那一天，周圍所有朋友、同學和同事都在臉書上分享轉載這些新聞，還附上文字：「我認識她！！！」

第二天轉發的人數減少了，第三天轉發的只有剛關注我的人，也就是那些我根本不知道他們存在的人。有人說無名粉絲最死忠，說得對極了！這並不是說我的朋友不愛我或不為我感到高興，但是我的成功會讓他們重新思考自己的目標和志向。「有一天我也可以做到嗎？我想要那種成功嗎？會不會只是運氣好？」這些都只是當我們看到其他人成功時會問自己的問題。

因此，當我的朋友不再轉發我的新聞或關心我的新生活時，我覺得很內疚，而那讓我也無法好好享受自己的成功。

- 我對實現夢寐以求的生活方式感到內疚。
- 我對無法與親朋好友共享成功感到內疚。
- 我對只忙著做會影響自己生活的事感到內疚。
- 我對快樂感到內疚。

「當我們無法寬待脆弱，喜悅就變成了不祥的預感。」
——布芮尼・布朗，取自節目《超級靈魂星期天》
（Super Soul Sunday）

布芮尼・布朗說，想要對抗喜悅帶來的恐懼感，唯一的方法不是感到內疚，而是**練習感恩**。經歷過喜悅的人並非最成功、最有成就或最討人喜愛的人，而是最懂得感恩的人。我聽從她的建議開始感恩，不僅是各種美好經歷，也包括旅途中的艱難挑戰以及自己可能忽略的諸多祝福。我要求自己即使在最

難熬的日子裡也要找出美好的事物。因為那就是我最需要感恩的時刻。唯有這樣我才能開始細細品味成功的喜悅。

除此之外，我決定用豐盛的心態和身旁的人分享我的成功和回報。越成功就代表人脈越深廣、影響力越大、力量越強、機會越多、信用越高、門路越廣、資源越多。這些你們都懂。所有好處最終會幫到你的家人和朋友。如果你願意和自己信任的人分享成功，現在就可以幫忙推廣他們的產品、推薦他們的服務、把他們介紹給合作對象、投資他們的事業，甚至是在各方面幫助他們，讓他們了解如果你有所成長，他們也會成長。

現在，我的親朋好友都已經習慣我的新生活方式，而且從未像今天這樣以我為榮。有些人會讓你失望透頂，但就我所學到的經驗：「別在乎那些不樂見你成功的人。他們其實也不樂見自己成功。」別放在心上，並記住：「價值觀與自己不再相同的人，離開也好。」

他人可以強烈左右我們的決策過程，無論是好是壞，最終只有我們自己可以決定要做或不做什麼。此時，危機上門。我們可能非常堅決要懷抱著理想往前衝，但就在按下「發送」或「上傳」的關鍵時刻，恐懼開始和我們打心理戰，讓我們因為數不清的理由而極度害怕成功，甚至有可能親手毀掉屬於我們的機會。

自毀前程

我在寫這個主題時，亞當跑來告訴我說他的線上課程還沒準備好要上架。

我：「什麼意思？什麼叫做還沒準備好要上架？影片已經做好了，網站看起來也很好，你的策略也決定了。我們還缺什麼嗎？」

亞當：「不知道耶。我覺得還可以再多加一些資訊，然後我也可以再把一些概念解釋得更清楚。現在這樣就上線收費我覺得很不安。也許我該提供免費體驗……下次再設計一套更好的課程。」

我：「你是認真的嗎？我現在正在寫自毀前程這個主題，你剛好跑來跟我說這件事？你十分鐘前不是才說準備好要上架！然後突然間你就退縮了？你知道自己與自毀前程的距離有多近嗎？」

當發表日期越來越近，我們的恐懼往往會跳出來試圖控制大局，這導致我們心中浮現很多問題，其中最常聽到的就是：「這樣夠好嗎？」這是超我最愛大聲回答「不夠」的問題。記得嗎？我們的超我想確保自身安全，它的工作就是避免心碎，因此會想盡辦法阻止我們承擔任何可能導致失敗或被拒絕的風險。當這種事情真的發生時，我們就會讓以下其中一種人設跑

出來（也有可能同時出現）：

人設一號：冒牌貨

你說服自己根本就不是領域內的行家，所以在你的部落格發布文章，討論自己真熱愛的事情之前，最好再多做點研究。

人設二號：自貶人

你說服自己創作的內容或產品只是有點價值而已，你覺得免費提供比較好。

人設三號：完美主義者

你說服自己就快準備好了，但還差一點。於是，你一次又一次延後發表日，因為總是有些地方需要重新看過或改善。

如果你發現：「對耶，這就是我！」請繼續往下讀，我要透過三個真相鼓勵你別再畫地自限，然後為所有你想做的事情按下「上傳」、「發布」或「發表」。

眞相一：你知道的比有些人還要多

你可能沒拿過哈佛大學博士學位，但我向你打包票，你對某個特定主題的了解程度肯定遠多於那些和你討論的對象。要是這樣，你問我可不可以和他們分享某些價值？當然沒問題啊。

舉例來說，假如你像亞當一樣正在設計一套線上財務課程，千萬不要拿自己和股神巴菲特相比，你肯定會覺得自己像是巨人界裡的小螞蟻。但是，要是你停下來想想，你的大部分受眾其實很崇拜你在自選領域累積的學識，那你就會明白，即使比不上巴菲特、女神卡卡、賈伯斯或 J・K・羅琳，自己還是可以與別人分享許多價值。

眞相二：你的構想／產品／服務對你超有用

當談論起自身經驗時，我們的論點多半滴水不漏。所有人都能主張自己的做法超棒，而且沒有人可以去爭辯那究竟對你到底有沒有用。舉例來說，與其強調「這是護理指甲的最佳方法」，不如說「這是我護理指甲的經驗談。」這是不容爭辯的事實。

這本書就是個好例子。我沒有心理學、人類行為或恐懼領域方面的背景，但因為我親身經歷過自己書中分享的一切，我深信自己的想法是有價值的。我沒有花幾個月研究知名心理學

家或專家的恐懼專書，只是決定時時觀察自己的生活，並從實際經驗中歸納出自己的觀點。

我們必須更信任自己與個人經歷，並從「如果對我有用，對你可能也有用」的角度切入，以便表達自己的想法。

真相三：凡事都可能變得更好一點

沒有什麼事稱得上盡善盡美。我敢打賭，即使是貝多芬的交響曲也有改進的空間！我們總是有辦法一次又一次地修改與改進，這就是生命的美好！接受這個事實，為自己的計畫定下最後期限，時間到了就豁出去。伏爾泰說過：「完美是良善的敵人。」說得對極了！我們一心渴求完美，有時反而會讓我們寸步難行；況且，要是你每走一步就要多想幾秒鐘，到頭來能走多遠呢？我寧願先求有再求好，而不是為求「完美產品」一拖再拖。

「如果你對第一版產品不會覺得丟臉，那就代表你太晚發布了。」
——領英創辦人雷德・霍夫曼

每當我懷疑自己的創作內容或產品時，這就是我會告訴自己的三個真相。我不是說你非做這三件事不可，只是想要告訴你它們確實對我很有用。你看到我怎麼做了嗎？

如果你能採用這種心態擺脫最負面的想法，很可能就是離

成功和夢想的終點更近一步。光是這一點本身就是一種恐懼。我在「百日無懼」計畫過後的第一百零一天就遇上一些事。

築夢踏實

還記得我在前面請你描繪的遠大目標嗎？現在，再次想像它實現了。你做得要死要活，終於成功了！你為此慶祝並且嘗到了成功的滋味……然後，現在要做什麼？

對我來說，沒有比實現夢想更可怕的事了，因為這代表：現在又得再想個新的夢想了。原來，生活並不會因此停下腳步，我們的任務就是要繼續自我改造。否則，我們可能又會掉進最大的陷阱：舒適圈。記得馬斯洛的名言嗎？「你若不是往前走向成長，就是退後走向安全。」當目標實現時，我們不能停在原地不動，否則又會走回頭路！

我第一次體會這種感覺是完成 TEDx 演講的隔天。我知道自己最珍視的計畫已經結束，而且還沒想到其他計畫。我從手上工作一大堆，好比廣告業的職務、視覺藝術學院的課程、處理日常恐懼、上傳每日影片和接受媒體採訪，突然切換到停滯不前的狀態，試著回答：「現在要做什麼？」

差不多在我完成第四十個恐懼時，病毒式行銷專家程凱倫（Karen X. Cheng）和我搭上線，她分享了讓我永生難忘的真知灼見：「蜜雪兒，妳現在一炮而紅了。請好好珍惜這段時光，因

為再過幾個星期以後，就不會有新聞提起妳的名字了。我建議妳找出這個計畫成功爆紅的根本原因，然後將它轉化成妳的生活方式和事業。妳的計畫為什麼能引起這麼大的共鳴？妳從百日計畫中發現了什麼世界共通的真理嗎？不妨仔細想想。」

二〇一二年，凱倫在YouTube上發表一段改編經典名曲〈美國派〉（American Pie）的離職歌，宣告即將離開微軟，她的真情流露讓她意外爆紅。從那以後，她對病毒式行銷超級著迷，還開始破解能夠引起媒體關注與創造病毒式爆紅影片的公式。沒多久，她開始採用這套公式製作更多好玩的影片；不知不覺中，她早就為耳機品牌 Beats by Dre 和紙巾品牌強韌（Brawny）等設計影片了。凱倫將自身經驗轉變成一門新的生意，但我要如何有樣學樣呢？

於是我不斷問自己：「現在要做什麼？」但實際上我應該要問：「好，然後呢？」

「好，然後呢？」這句話是欣然接受已經發生的事或自己當下的處境，同時要求自己做更多事。這句話並不是要你把漂亮的成績拋諸腦後，而是要創造更多成長與成功的空間。

透過「好，然後呢？」這個問題，讓我有能力靠著勇氣將個人計畫轉化成行動與事業。我在直球對決恐懼的過程中發現的真理就是**勇氣會傳染**。

沒錯，我直球對決了一百種恐懼，而且我現在正激勵數百萬人也這麼做。

實現目標與一次次自我改造聽起來是很可怕，不過當我們

抵達某個里程碑以後，其實不需要再次從零開始，而是善用新的工具、新的知識，還有為我們敞開的嶄新大門，順著成功的階梯往上爬。

我憑藉著成功的計畫往上爬，現在的我相信自己絕對有能力一而再，再而三的自我改造。

相信未來的自己

「蜜雪兒，如果有天恐懼這個主題退流行了，妳打算怎麼辦？我的意思是，妳能重複多少次相同的演講內容？」

這個問題忽略了兩件事：

一、全世界有七十五億三千萬人，我很懷疑自己此生能不能觸及所有人。

二、人類的創新能力。

有時候，當我們創造某樣事物並向全世界展示時，往往習慣假設所有人都看過了，所以我們會覺得不斷把這樣事物端出來似乎不太好。事實上，儘管已經知道的人會跳過這樣事物，但不認識你的陌生人還很多！你想想，我被全世界的新聞報導了好幾個月，但每次我參加活動的時候，都會有七成的觀眾表示以前根本不知道我是誰。這代表就算我們已經實現了某個目標，也不需要立刻展開新的冒險旅程。

對抗實現夢想的恐懼，我自己覺得最有用的方法就是相信

未來的自己。要是我曾經達成某種輝煌成就，就知道自己有能力再創佳績！我還是二〇一五年那個頗有創造力的蜜雪兒，但這次我得到的機會、經驗和知識遠多於當時。所以，請不要容許他人的質疑和恐懼阻擋你成功。多年後的今天，我將繼續在此說我的故事，帶給觀眾各種奇妙的體驗，同時我也將想出全新的點子來改造自己。

不過說到底，沒有勇氣就永遠不會成功。

勇氣為成功之母

本書所有章節的主題與我追求的目標都有個共通點：需要勇氣。

我們談過的主題有：

- 活得盡興
- 領導力
- 期待
- 真實性
- 批評
- 失敗
- 成長
- 堅定
- 成功

勇氣是引領我們從現在邁向目的地的關鍵要素。我當然可以啟發你，但唯有你自己才能改變人生。

　　儘管多年來我的成功定義從未改變，但目標卻會隨著成長進化。我發現每個星期看看自己過得好不好，以及我與伴侶亞當好不好很重要。我經常問自己是否滿意現在的生活。倘若答案是「不」，我有勇氣換位思考並深入釐清自己成長的下一步該往哪走。

　　兩年前，要是你斷言現在的我會怎麼樣，我應該會笑到流淚。我甚至不會相信你在說什麼。對我而言，一年發表三十場付費演講只不過是南柯一夢，但光是去年我就完成了六十場（收費多了一倍）；今年，場數可能會上升至八十場。我知道我們在這麼短的時間內完成這麼多場演講時驚訝到不行。雖然我們現在很享受每年自由自在地出差超過一百趟，並且盡可能地與聽眾交流，卻也同時在思考該生個小孩，並多花點時間待在家裡。我們的目標已經從成為最忙碌的演說家，轉成不用繞著世界跑也可以創造收入的方法了。

　　那樣也很棒！我們允許自己繞遠路、重新思考眼前的道路、質疑自己的策略，並且改變自己的想法。**我們必須相信，未來的自己會在時機成熟時，為我們做出最好的決定；而現在的我們，仍要繼續盡全力把事情做好。**

成功＝開心做自己

我們必須相信，
未來的自己會在時機成熟時，
為我們做出最好的決定；
而現在的我們，
仍要繼續盡全力把事情做好。

第九章　懶／人／包

請造訪 hellofearsbook.com，你會發現本章最吸睛的活動。

→ 閱讀我那篇害怕成功的貼文，正是它讓我決定創作本章（要是你願意讀一讀下方的回文更好！）

→ 盡快觀看錢鬍子先生在「攻占世界高峰會」的演講。

→ 觀看我早期的影片（沒錯，包括幾支我們的週年紀念影片）。

→ 觀看布芮尼‧布朗和歐普拉在《超級靈魂星期天》的談話，了解「幸福焦慮」。

→ 閱讀程凱倫探討病毒式行銷這個美妙主題的文章。

→ 觀看伊莉莎白‧吉兒伯特在 TED 談論「當美夢成真會怎樣」的七分鐘演講。

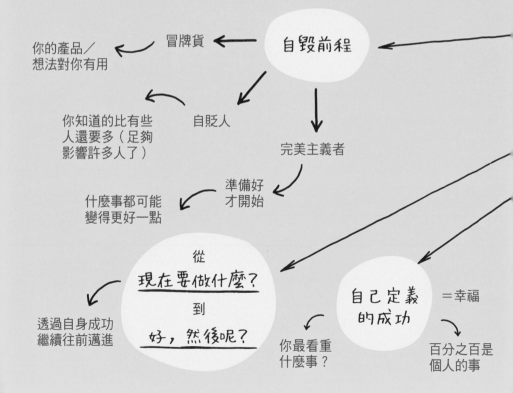

帶給我們成就
感的事（但不
一定很擅長）

熱情

技能

我們與生俱
來就會的事

分享收穫

幫助其他
人成長

內疚

以感恩之心
對抗它

成功，你好

防止自己搞砸成功

不太正面的改變

正面的改變

和成功有關
的終極恐懼

改變

「為了過夢寐以求的生活，我們必須放棄眼前的生活。」

第十章

未來，你好

逆境成才：改寫自己的故事

我們若要討論未來，首先必須了解過去。

我的恐懼早在我出生以前就生根了。這一切要從一九四〇年代說起，當時我們家族被趕出羅馬尼亞並且被送到集中營。

納粹奪走他們的家園、財產和人性，只為了一件事：他們的宗教信仰。在當時的歐洲，身為猶太人就是會被重罰的罪。

長話短說，一九四二年我的外祖父母被送去德涅斯特河的勞改營。他們還算幸運，因為當時有勞改營和滅絕營，兩者有什麼差別，應該不用我多解釋了吧。他們被送到不同營區：外婆和當時兩歲大的兒子關在一起，外公則得到一名俄國士兵掩護，安全帶往自己住家，前提是得留下來照料家務。多虧了俄國士兵，外公才能送食物給外婆和舅舅，兩個禮拜一次。

從小我就聽著這些故事長大。外婆不喜歡回憶當年，但我媽會把已故外公說給她聽的故事再轉述給我聽。我無緣見到外公，但知道多虧有他，一家人才能熬過集中營的非人待遇。一九四七年，他們三人一起跳上大船，加入成千上萬名受到幸運女神眷顧與帶著堅強意志力從集中營死裡逃生的猶太人，一起航向拉丁美洲。

我很小的時候就從家人、猶太學校和朋友的家人口中學會了「大屠殺」這個字眼。基本上，我認識的每個人都有自己的劫後重生故事，就是那種你只會在電影或書中見識到的倖存者親身遭遇。沒有最驚天動地，只有更驚天動地。

我就是在這種明白世界可能會變得超級殘酷的過程中長大的，就算今天覺得很安全，明天也隨時可能天翻地覆。

在委內瑞拉，反猶主義從來不是議題，它大開國門迎接歐洲猶太人，讓我們家族在這裡馬上感覺受到歡迎。遺憾的是，委內瑞拉本身具有諸多不算安全國度的缺點。

在委內瑞拉長大

坦白說，我在委內瑞拉首都卡拉卡斯度過了非常快樂的童年，不僅朋友成群、住在大房子裡，社區環境優良，每個週末都會和家人一起去海灘玩。儘管當年的委內瑞拉不像二〇一〇年之後那麼危險，但是因為害怕搶劫、綁架甚至滅口，我半夜總是會驚醒。

打從我記得的童年期就很難在自己的房間入睡，因為害怕晚上睡著就放鬆警戒。說實話，我從來沒有像其他小孩那樣真的害怕過床下怪物、鬼魂或黑夜，我怕的是活生生的人。我會盯著臥室門外的走廊幾個小時，只為了確認沒有小偷闖空門。確實是從來沒人闖進來過。到後來，我才開始關起房門睡覺。

我家離學校很近，路程不用十分鐘，但我不曾走路上學過。我幾乎與真實世界脫節。當時有許多保護措施，身旁也有許多大人，我甚至經常聽到：「蜜雪兒，把窗戶拉上，把門鎖上！這一區不安全！」其實只要多注意就能保持安全，但對我這種什麼都怕的女生來說，日子還是過得提心吊膽。

我十八歲開始開車，那時候都是進到車裡就立刻鎖門，迅

速開走。所有動作真的是幾秒內完成。我才不要讓任何人有機會把我從車上綁走。

正如你所想像，我的整個童年和青春期都活在焦慮不安當中，永遠是看恐懼的臉色做選擇。有些研究顯示，被關進集中營引發的焦慮感可以影響好幾代人，我完全相信。因為我直到二十五、六歲努力提升自己，才改變了自己看待恐懼的心態，並且一展抱負，開始過起充實的生活。

如果你放任過去扯後腿，阻止你成為自己想要成為的那種人，請仔細閱讀這一章。它會為你帶來幾樣工具與不同的心態，幫助你重塑自身形象、重獲信心並重新定義自己的未來。

但首先請容許我介紹兩個人，他們塑造出了我的個性。

我的爸媽

我的爺爺、奶奶沒有經歷過大屠殺。他們早在一九三〇年代後期猶太人的生活日益慘澹之際就離開歐洲了。我爸出生在巴拿馬，沒多久全家就搬到委內瑞拉。他的童年過得很不錯，沒吃過什麼苦。事實上，他一直都是自信滿滿，以身作則告訴我沒有什麼好怕的，生活就只是一場冒險，我們應該要征服它。我的老天啊！他可是心臟外科醫師耶！在我的世界裡，那真是超勇敢的。

我媽則是在父母的創傷陰影之下成長，她不由自主地幾乎

照單全收那些陰影，並因此塑造出她的個性。所以，她除了很有魅力、深富同理心、友善、開明、懂得關懷他人，在她的領域很有成就之外，她也是個焦慮的人，時常害怕最壞的事情即將發生。我不怪她，這都是源於她的父母，情有可原。

我從小就和我爸一樣有野心、動力和決心，但也從我媽身上遺傳到某些因為害怕而做出的言行舉止。我開始經常說「我怕……」，也不願嘗試舒適圈以外的事物。有時候她會強迫我去做她明知我一試就會愛上的事，但你知道嗎？帶小孩沒那麼容易，因為他們才不會乖乖地照你的話做。他們得看著你做才跟著做。我超少看到她正視自己的恐懼，所以為什麼要沒事找事？（如果你是從第一章跳來讀這一章，現在請暫停本章，翻回第一章！晚點見！）

怪罪自己的過去

靠自己從來就不是我的目標。我只要可以不必獨自出門，就算是花幾個小時和某個討厭鬼混在一起也好。你會像我這樣嗎？說實在的，成長過程中我就愛爸媽什麼都幫我準備好，青少年時換成朋友和亞當幫我做好。我已經習慣把自己想成柔弱的公主，而且還蠻喜歡被當成小孩子讓別人照顧得無微不至。我感覺自己永遠都被呵護著。

一切都很好，直到有一天。

我和亞當結婚後開始考慮生小孩的事，但其實他並不怎麼想。他說：「蜜雪兒，妳說妳想生小孩，但如果妳連自己都照顧不了，妳要如何照顧他們？如果妳不知道要怎麼捍衛自己，妳能拿出什麼本事教小孩？我不希望我的孩子像妳這樣什麼都害怕。妳要如何教他們做個勇敢的人？他們會像妳一樣。我愛妳，但也希望我的孩子成為勇敢的人。」他這番話讓我覺得超級受傷，因為他說的完全沒錯。

好痛！

我無話可說，於是開始怪罪過去：外祖父母的人生經歷和我媽的行為。我在這種反思過程中找到某種慰藉，藉由埋怨變成這樣又不是我的錯來為自己脫罪。但某種程度上，我喜歡當那個蜜雪兒。我怪罪過去是想欺騙誰呢？

最近一次我回家探望我媽，她在聊天時第一次承認，自己應該為我的焦慮性格負責，並說了很發人深省的話：「蜜雪兒，我記得在妳小時候我就一直很怕有什麼壞事會發生在妳身上，所以總是一再告誡妳『不要』做某些事、『不要』太好奇或太愛冒險。我老是一再提醒妳『當心』，把妳當成什麼都不會的人。我覺得很對不起。我不是故意的，但是我的言行舉止總是讓妳相信自己不夠堅強、不夠有用、不可靠。我太想照顧妳、太想保護妳了，結果反而讓妳變得軟弱怕事，還讓妳相信自己什麼都做不到，只想依靠別人。」

哇！

孩子小時候的確需要父母保護，不過最重要的應該是灌輸

他們信任和信心，這樣他們長大後才能帶著父母傳授的功夫走跳江湖，同時懂得如何照顧自己。一旦我們缺乏這些基礎，就會凡事依賴他人，變成只要落單就會極度脆弱、焦慮和危險。

獨立小姐

　　我在直球對決恐懼的過程中學到兩件事：我遠比印象中的自己更堅強，而且獨立沒什麼好怕的，實際上還可能是種祝福，它激勵我們透過挑戰自我與跳脫日常舒適圈，慢慢地建立自信。

　　在百日無懼計畫期間，我獨自一人完成所有任務。一開始是自己逛博物館，接著是一個人去看百老匯表演、去餐廳吃大餐、看電影、上酒吧，甚至是一整個週末獨自坐火車探訪一座新城市。它鼓勵我更獨立，也要我用心感受內在的想法、欲望，還有自己最珍視的事物。我也漸漸開始享受只有自己相伴的感覺。你知道嗎？結果是，我發現原來我還蠻能自得其樂的！我甚至一個人幫自己慶生！**我領悟到個人成長來自內心，**因此我們每週至少都留一些時間和自己獨處。

　　當我開始直球對決自己的恐懼，突然覺得自己更堅強、更有自信，也更值得信賴了。但是這個念頭嚇壞我了，我竟然開始覺得好像不需要亞當了，什麼事都能自己來；甚至開始思考既然我不再需要他，我們是否還能繼續走下去。我被這些雜念

嚇到了，因為我不希望我們的關係生變，但突然間又會質疑到底一開始為什麼想嫁給他：是出於恐懼還是愛？

你是否也曾質疑自己和某人的關係？想想你的朋友、另一半、父母、兄弟姐妹，這些關係是基於愛還是需求？如果你不再需要某個特定對象，你們之間的連結會如何改變？

我漸漸領悟其實沒什麼好怕的。我自己不斷進化，我們的關係亦然。他很開心我終於變獨立了，但最重要的是，他以我為傲，仰慕是他愛上我的唯一原因。佳偶之所以天成是出於愛、彼此賞識和相似的價值觀，而非家具、兒女、百萬本相冊或房貸。

時間一久我也學到，我和亞當在一起不是出於需要，而是真心想這麼做。

事實上，我們最近常上演的是橋段是，我得化身女強人把肩膀借他靠、給他撐。這才稱得上貨真價實的另一半，也就是，當你需要他（她）時會無條件支持你的人；而當他（她）需要你時，也有勇氣靠上去。偶爾需要對方沒有關係，但這不應該是任何關係的基礎。

這就是為何我們必須教孩子獨立，自己邁步向前走、跌倒後自己爬起來、為自己發聲、謀生並自行做出好的選擇。這樣一來，他們長大以後就不會依賴他人，而且能做出以愛而非恐懼或需求為考量的選擇。至少，有朝一日我想這樣養小孩。

澈底打破我家族的恐懼鏈

二○一五二○一五年底我的百日計畫終於結束，世界電視臺（Telemundo）找我擔任《驚喜之夜》（¡Que Noche!）的節目嘉賓。他們想報導普通人的勵志故事，還會在節目尾聲為每位來賓送上驚喜。我當然接受了這個邀請，光想到要上電視我就興奮不已。

那天下午，我們開車前往世界電視臺位於邁阿密的攝影棚途中，我腦子想的都是會帶有什麼驚喜。我希望是一張大支票，好比觀眾上《艾倫秀》時輕而易舉就可以贏得的大獎，或是一趟峇里島之旅。我一直很想去。

反之，亞當好像不怎麼興奮，甚至試圖降低我的期望，好像他早就知道驚喜究竟是什麼似的。我的演技確實很差，總是不知不覺就輕易流露我的情緒與真實想法，所以他拜託我要是一點也不喜歡所謂的驚喜，至少也要裝一下。我開始點閱YouTube 影片，觀摩大家收到超棒禮物當下的反應，發現很多人都會雙手掩面激動大喊「我真是不敢相信！」或「我實在太榮幸了！」甚至是「我高興得不知道要說什麼才好！」

直播開始前幾分鐘，節目製作人帶我走向大攝影棚，主持人正在訪問前一場的來賓。現場冷得要命，我在直播時緊張到不行，結果不停出糗。我的恐懼說來就來。

整場訪談糟到不行。我瞬間忘記要怎麼說西班牙語（我的母語），開始很不敬業地吐出許多英語字彙。我實在是太緊張

了，腦子根本完全無法思考。接著，驚喜時刻來了：

主持人：蜜雪兒，妳的外祖父母來自波蘭，對嗎？

我：是的。

主持人：那好⋯⋯我們想送妳的驚喜是⋯⋯送妳去波蘭！

波蘭？

我只記得自己當時回頭望著波蘭這兩個字在身後那片超大螢幕閃呀閃的，波蘭國旗的圖案壓在這兩個字底下，背景則是一張波蘭老城的黑白照片。於是我現學現賣那天下午學到的演技，開始雙手掩面激動大喊：「哇，我真是不敢相信。不知道要說什麼才好。我想我就要去波蘭了。」[9]

我整個人傻在那裡，在場工作人員全都看得出來，但沒有人解釋到底為什麼要送我去波蘭。他們沒告訴我其實想送我去參加「國際生命大遊行」（International March of The Living）這場年度活動，到時會有成千上萬名參加者從奧斯威辛徒步走到比克瑙，這兩處當年是歐洲兩座死亡率最高的集中營。

節目結束後亞當才向我解釋，原來他花了最長的一段時間和他們一起企劃了這項驚喜。

---

9 這裡就不用加上驚嘆號了。因為當場我的反應就是一點也沒有驚嘆的感覺。我真是演得有夠爛。

活著

我知道，走訪波蘭當地的集中營是一般人會做的事，只是我從未想過有一天會需要獨自完成。我覺得自己還不夠堅強到足以應付那種強度的經歷。但二〇一六年五月，我們飛往波蘭，幾天後參加國際生命大遊行走上街頭，那一整天我覺得自己……實實在在地活著。

我置身最泯滅人性的其中一座集中營，幾百萬名來自歐洲各地的無辜猶太人就葬身於此。這一點讓我產生新的領悟，但和原先預期的不同。

我曾以為自己一走進集中營就會感到憎惡不滿、毫無力量、對人性感到厭惡；但事實正好相反，我反而發現活著就有希望，良善終將得勝。那天，我以身為猶太人感到很驕傲，因為我們還站在這裡，就代表我們贏了；我們更堅強、更團結、更不容易倒下。我們今天還站在這裡創造歷史。想到這裡就讓我感到樂觀、幸福、平靜。樂觀是對抗恐懼的解藥。

飛去波蘭走訪集中營，是每一個人一生中至少應該做一次的事情。我知道有一天我會帶我的兒女走一遭，也希望他們會帶他們的兒女去一次。歷史注定不會被遺忘，它之所以存在就是要為我們帶來教訓，但想要學到什麼並將之傳承給其他人，好讓我們不再犯前人的錯誤，全由我們自己決定。

你若不是歷史，就是在創造歷史。

你有什麼故事？你有什麼包袱？是你的還是別人的？我的

包袱塞滿我媽和外祖父母留下來的恐懼。我們的目標不是要讓包袱從此消失無蹤，也不是假裝它從一開始就不存在；甩掉過去包袱重獲自由的唯一方法就是承認它的存在，義無反顧地和它直球對決，就像我走訪集中營那樣。我在停留期間全心全意感受每一次的情感波動，無論好壞。

我的外祖父母逃離集中營後就再也不回頭看，但我自願回到這塊土地上；他們從來不曾提起過往，但我公然討論；他們活在恐懼裡，老是害怕最糟糕的情況會發生，但我決定正面迎戰自己的恐懼。所以，請勿逃避你的經驗；反之，要讓自己浸淫其中。然後，再轉化你的經驗，重新定義你的現在和未來。接著讀下去，你將學到八個可以照著做的步驟。

我的故事賦予我目的

我超感謝世界電視臺給我這個機會，還推了我一把，讓我能夠從根本開始，從頭到尾完成這趟克服自身恐懼的旅程。飛一趟波蘭甚至讓我的人生更有目標了。

我想到自己的外祖父母，他們咬緊牙根決定活下來。不是每個人都會做出這個選擇。其實當時如果他們想求死也不是辦不到，關在集中營裡，尋死比苟活容易多了。不過他們選擇奮鬥與活下來。

這是我人生中第一次覺得外祖父母堅強又勇敢，甚至還

想通了此刻自己身上正流著他們的血液，因此我也可以成為堅強又勇敢的人。剎那間我明白，我的外祖父母拚了命也要活下來，全是因為要讓我可以今天站在這裡。

這個想法讓我感覺自己很重要，就好像我必須讓生命活得更有意義。我的意思是，他們為了我熬過戰爭苦難，圖的不是我把生命浪費在毫無意義的事情上，而是有原因的，我得讓他們的努力值回票價。那一刻，我下定決心要把一生投入在鼓舞他人的事業，最重要的是，鼓舞自己以身作則勇往直前。就像他們選擇活下來一樣，我選擇要發揮影響力，活得有意義。

所以，我想問你：你打算怎樣活得有意義？你打算怎樣慶祝自己好好活著？

你很重要，你的人生很重要，你決定要在這世上成就的理想更是超級無敵重要。但願你能好好過著懷抱目標的人生。

逆境成才

你知道，我可以對自己的故事、外祖父母的遭遇、我媽與他們一起生活時經歷過的一切感到憤怒，但仔細想想，正是這一路以來的掙扎成就了今天的我，也正是他們經歷那些狗屁倒灶的事，才讓我今天有幹勁在這裡大放異彩並成為最好的自己。所以，要是你能夠「擁有」自己的故事，你會如何扭轉它，並利用它做點什麼大事呢？

> 「向我扔爛泥，必看我綻放。」
> ——芙烈達‧卡蘿

　　泥土是我們綻放前必須經歷的不舒服。

　　泥土就像是不給你成長所需工具的父母，也像是不幸的童年、家庭財務狀況、戰爭、毒品氾濫、健康問題、精神疾病或是你生長的動亂國家，你想要怎麼形容都可以。

從癌症到賀卡

　　插畫家兼文案工作者艾蜜莉‧麥朵威爾（Emily McDowell）才二十多歲，就曾經歷過差點把她嚇壞了的遭遇。她不像其他二十四歲的年輕人那樣忙著思考人生、工作和變成大人，她被診斷出患有第三期何杰金氏淋巴瘤。接下來的八個月，她的人生都在化療和放射性治療中打轉。

　　艾蜜莉在攻占世界高峰會發表演講時與聽眾分享，在診斷出癌症的那一刻，傷她最深的事不是病痛本身，也不是接受化療產生的不適感，而是那些她最在乎的人反而離她最遠。她感到孤獨且不被愛。

　　十年後，艾蜜莉再度與癌症交手，這次是好朋友被診斷出癌症。這一刻她才恍然大悟，以前大家為什麼會默默地從生病的人身旁消失，不是他們不想守護在身旁，他們很想，想得要命，但是每個人都手足無措，不知該怎麼面對病患，也不知該

說些什麼。恐懼會阻礙我們做自己真心想做的事：伸出援手。

「生病讓人變疏遠，」艾蜜莉說，「因為你雖然和診斷之前的那個人沒有兩樣，但是你認識的人看你的眼光再也無法和以前一樣了。」很遺憾的是，「事出必有因」之類的回應什麼幫助也沒有。

這位有創意的文案工作者認清人性的真實面，而這股力量驅使她針對我們實際擁有的關係畫出一系列作品，她自稱為「同理心卡」。有幾張卡片這麼寫：

> 「下次誰敢對你說事出必有因，請容我搶第一，狠狠賞他一記鐵拳。我很遺憾你得承受苦痛。」
> 「你不是負擔。你是活生生的人。」
> 「我找不到適合的卡。真是對不起。」
> 「如果這是神的安排，那祂就是個糟糕的企劃。（老天爺，如果祢讀到這一句，對不起，我沒有冒犯之意。其他像是瀑布、熊貓等祢真的是做得超級棒。）」

我可以一路念下去。

艾蜜莉能夠轉化自己的經驗，並據此發展出成功的事業。現在，她創作的卡片幫助了全世界的人，讓他們可以在所愛之人最需要的時刻給予滿滿支持。

事實是，我們所有人都可以如花朵一般綻放，但綻放的過程全由我們決定。唯有我們可以灌溉自己。

灌溉：讓我綻放的八件事

我們可以找到許多灌溉自己的方法，以激勵自己逆境成才。以下這些步驟對我幫助很大，希望也對你有益。

一、預想你的改變

我們必須相信逆境成才大有可能，而非終其一生都在淤泥裡打滾。你看得見這一幕嗎？請花一點時間試著預想你整個身、心、靈都想要成為的那個人。每個現實都來自懷抱憧憬。我知道我想要成為更勇敢的人、他人的榜樣以及思想領袖，但幾年前我根本八竿子打不著關係。

我想成為：

_____

_____

_____

二、幫助自己

一旦你說服自己接受這種可能性，就必須尋求協助，這會是我們做過最健康的事。你可以從閱讀勵志書籍、線上點閱 TED 演講了解其他激勵人心的故事、去看心理治療師（你知道，這一步助我良多）、找個有責任感的夥伴或甚至是依你的

需求尋找支持性團體開始。請盡快排除社群媒體毒素，取消關注那些讓你覺得生活糟透了的對象或網紅，然後開始追蹤可以提供真心建議的對象。這樣做你就不會只是空想自己的成功故事，而是會充滿力量，願意去追尋目標。要是別人做得到，為什麼你不行？

三、定義你自己的路

你如何善用自己的經驗發揮影響力？就我來說，我想成為演說家，到處分享訊息，好讓更多人改變他們對恐懼的看法。我有一個目標是對年輕學子演講，告訴他們所有當我在他們這個年紀時，希望有人對我說的事，就像艾蜜莉創造出她希望自己在抗癌那段時間就已經可以買到的產品一樣。也許你想教會他人一些從來沒有人教過你的東西，或是成為自己從來無緣遇到的老闆，或是拍攝一支永久留存的紀錄片，或是寫出一本你但願以前就曾經幫助過你的書。**要是可以為年輕的自己盡點力，你會做什麼？**

四、開始行動

這一步是修練**自己**。一旦你定義好「新版的自己」想做的事或想成為的人，就得開發必需的技能，這樣你才能身懷絕技付諸行動。點閱線上課程、入學進修、和特定領域的專家打交道、與人聊聊他們的經驗等，任何可以提升自己或激發自信心

的事都好。舉例來說,當我決定成為演說家,就報名了國際演講協會,這個組織在世界各地都設有分會,提供人們練習演說技巧並相互學習的空間。我也開始閱讀《抱富演說者二‧〇》(The Wealthy Speaker 2.0)這本書,裡面提供超多實用的技巧和工具。同時我也觀摩了幾百場 TEDx 演講,不只是為了找靈感,更是想學習其他優秀的演說家。我也飛去加州參加一場「嗨翻舞臺」(Rock the Stage)的活動,創辦人喬許‧希普(Josh Shipp)現在負責為我管理所有與青年有關的活動。以上種種都為我提供信心,讓我能夠站上付費講臺,傳遞我的訊息給世界各地的企業、組織和學校。沒錯,我帶著目的這麼做,但現在我也很清楚自己端上桌的產品有幾斤幾兩重。

五、轉移焦點

你就要將所有想法付諸行動了,這一刻是興奮還恐懼?快報:無論是哪一種,此時此刻都不再和你個人有關。所以,無論你是興奮得要命還是怕得要死,請謹記,你所做的一切都是為了帶給別人益處。這種心態對我幫助超級無敵大。每當我要站上講臺發表演講時都會對自己說:「記住,這不是你的個人秀,重點是你的訊息和來參加活動的聽眾。」

如果你決定成為大廚,請想想你可以為顧客帶來什麼樣的體驗;或者,如果你的天職是要成為攝影師,請想想你打算為客戶捕捉什麼樣的回憶。無論我們決定做什麼,都可能對他人產生深遠影響,所以現在正是你停止關注自己,轉而把注意力

放在願意花時間聆聽、觀賞、閱讀或消費的人。信不信由你，你手中握有改變他人生活的力量，其實我們每個人都有，所以請善用這個力量，把它當作你的動力，擺脫恐懼，然後向前推進。最好的情況會是什麼呢？

六、永誌不忘

你能把這件事做得多成功，其實不太重要，但絕對不要忘記自己的初衷與起點。這會讓你腳踏實地且全神貫注，也是讓你帶著目標感日復一日堅持做下去的唯一關鍵。

七、放過他人

我們可以接受或拒絕現實，但無論如何事實不會有所改變。不過，一旦我們決定接納並原諒自己的過去，我們就能夠讓它過去。它也許是你必須原諒的某人，搞不好就是你自己。無論是誰扯你的後腿、對你扔爛泥，都需要你原諒。原諒就是放下，也就是讓它過去。原諒可以發生在生活中或我們的心中。或許對方早已離我們而去，若此，那就在自己心中找到寬恕；要是他們還在身邊，你也真的想原諒他們，那就不要猶豫不決。請謹記，放過他人是為了自己好，因此很有必要。心懷怨恨會讓我們緊抓著那些人與處境不放，現在就是斬草除根好時機。

八、改變你的未來

　　當我們描繪自己的未來時，我們用心雕琢自己，我們發揮影響力，我們還透過自己的故事放下過去：**我們變得勢不可擋。**我們每個人都有可能改變自己的生活，並且創造自己的好運。我們現在就得為自己的未來負責。請記住，我們可以成為自己故事中的英雄，也可以是受害者——就看你怎麼想。

未來

　　我得承認，其實我還不能說自己有能力切斷家族恐懼鏈。革命尚未成功。那會是我修練完眼前所有功課以後的最終結果，唯有我未來的兒女會知道，我有沒有好好地把他們養大。我不想成為完美媽媽，因為那樣會帶給他們不切實際的期望；我反倒是想當個富有人情味的媽媽，這樣他們才能和我感同身受，並以我這一生為榮。我不要假裝自己天不怕地不怕，好讓他們跟著什麼都不怕。我的目標是讓兒女們看見，我真的也會害怕，但同時我願意修練自己並直球對決我的恐懼。

　　重點是，絕對不要讓我們的恐懼阻礙我們的熱情、抱負和目標。我想要是我能以身作則讓孩子們看到，我們一定會做得很棒。

最後的練習

我鼓勵你在這裡寫一封短信給未來的自己。請寫下今天的日期和未來拆信的日期。**和自己許下承諾**，讓未來的你知道自己正在努力奮鬥，好讓未來的你引以為傲。然後，先將這封信對折，再拿膠帶封起來。同時，請拿起手機設定拆信日期，這樣你就不會忘了。你可以設定一年後、三年後甚至是十年後，任君挑選！

白紙黑字寫下來的力量何其大，可以讓我們清楚記得自己的目標，並生出信心自己一定能辦到；也可以幫助我們把想法帶向全世界，當作我們對自己許下的承諾。還有什麼比這個目標更崇高呢？

可做可不做：貼上一張近照，做成時間膠囊。

現在，將你所學到的每一件事化成行動，這樣你也能夠追求自己的熱情、做出有益於己的選擇、成為最真實的自己，並充滿自信地追求自己的夢想。這樣一來，當那個再次打開本章閱讀的時刻到來，你就會說：「蜜雪兒，妳完全說對了耶。」你知道嗎？**你值得好好過自己的人生。**

（完成後請將右頁撕下並對折密封）

致未來的自己，

立書日： ／ ／
密封到： ／ ／

有時候，
我們最想得到的事物
與我們的距離，
就只差鼓起勇氣這一步。

懶／人／包

第十章

請造訪 hellofearsbook.com，你會發現本章最吸睛的活動。

→ 觀看我在世界電視臺《驚喜之夜！》的超恐怖訪談災難！

→ 觀看我們在「國際生命大遊行」的影片。

→ 閱讀幾本我最愛的勵志書（清單請見 hellofears.com）。

→ 點閱我幫自己慶生的影片。

→ 學習其他能夠逆境成才的人。

→ 詳讀艾蜜莉的同理心卡片，購買她的著作《恰到好處的安慰》
（No Good Card for This）。

→ 寫一封信給未來的自己。

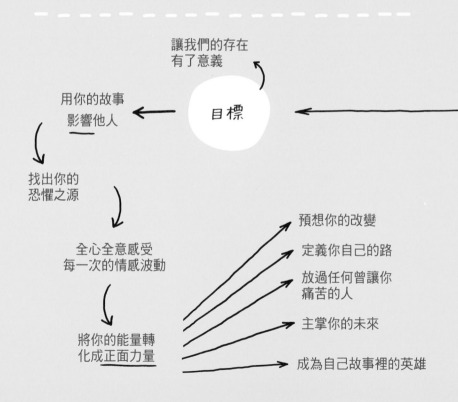

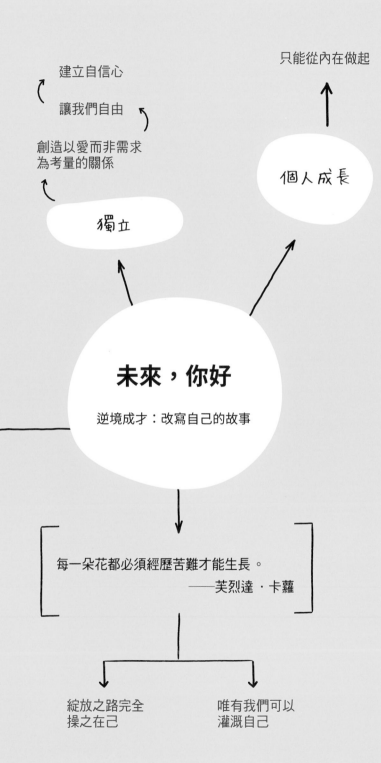

建立自信心

讓我們自由

創造以愛而非需求
為考量的關係

獨立

只能從內在做起

個人成長

未來，你好

逆境成才：改寫自己的故事

每一朵花都必須經歷苦難才能生長。

——芙烈達・卡蘿

綻放之路完全
操之在己

唯有我們可以
灌溉自己

後記

黛比 · 米曼

二〇一四年，我第一次見到蜜雪兒 · 波勒，當時她好像什麼都怕：怕地鐵、怕蜘蛛，甚至怕炸物。說真的，她怕的東西實在多到數不清，我不禁納悶，她是怎麼鼓足勇氣來到紐約，加入我在視覺藝術學院開辦的品牌打造碩士課程。坦白說，我想不通。

我是一直到蜜雪兒踏上學術旅程，選修我開設的「你就是品牌」（A Brand Called You）課程，才知道她的恐懼巨塔有多高。雖然說我在視覺藝術學院的課程主要是傳授構成企業與消費者品牌的要素，不過基本上「你就是品牌」教導學生畢業後得在競爭激烈的市場中選擇自己的定位，以及他們了解自己的程度將會左右成功。這套課程最核心的部分就是要完成名為#百日計畫的專案，最早是耶魯大學平面設計所的導師邁克 · 比魯特草創，要求學生針對他們認識的自己、自我設限或信念發想一場每天都能重覆行動的創意冒險。

蜜雪兒會想擊垮恐懼巨塔，我不意外，但她用盡全力展現強烈企圖心反倒讓我驚訝極了。她竟然構想出拍攝YouTube影片的計畫！她竟然預想自己跳飛機！她竟然想在時報廣場熱舞！我不想看到她一百天還沒過完就先累垮了，還提醒她別把自己逼得太緊。

結果是我多心了。

我一向滿幸運的：在二十年來的教師生涯裡，我帶過不少傑出學生，有些現在是如日中天的品牌顧問、品牌經理、藝術總監和設計師；有些自己做品牌賺大錢；有些進入跨國企業擔任領導職位，也有些為人師表，造育英才。然而，我從來沒遇過蜜雪兒這樣的學生。

我再解釋一下：蜜雪兒的百日計畫實際上和過去這些年來幾百名研究生做過的計畫沒什麼不同。沒錯，她是做了幾支出色、有趣的影片，而且是個媒體超級達人。沒錯，她瞬間爆紅，但以前我們也是有不少學生突然就在網路上搞出名堂。毫無疑問，往後我們還會有許多計畫前仆後繼地在網路上瘋傳。

然而，蜜雪兒在完成對抗許多恐懼的百日計畫後所做的一切，正是讓她的發展如此出眾亮眼的關鍵。

蜜雪兒沒有因為自己爆紅成功而自滿，並且就此停下腳步，反而是繼續修練自己的人生課題。她不僅一而再，再而三地檢視自己的恐懼，更挑剔自己的毛病、缺點和弱點。她踏出校門五年，不曾停止努力參透人類的精神可以多強韌。

蜜雪兒‧波勒真正實現的成就是，她持續意識到自己具備非凡能力、決心和力量，而且慷慨大方地將自身所學無私地傳授他人。未來她也必將繼續如此。

黛比‧米曼

二○一九年十月

「蜜雪兒・波勒真正實現的成就是，她持續意識到自己具備非凡的能力、決心和力量，而且慷慨大方地將自身所學無私地傳授他人。未來她也必將繼續如此。」

──黛比・米曼

致謝

　　我在快要寫完這本書的最後關頭，和心理治療師約定好一場療程。在這段期間，她一直很幫忙，不僅讀過每一章節，也提供了許多寶貴意見。所以我們自然而然會在療程中討論到我對這本書的期望。在當下那個時刻，我坦承自己抱著高度期待，也因此很害怕這本書會大失敗。

　　然後毫無預警地，她要求我做一件自己完全沒想過的事：寫一封信給自己，並且回答以下這個問題：要是最壞的情況發生，最好的情況會怎樣呢？

　　哇。

　　我立刻瞪大眼睛說：「我才不要。」你看，才短短幾秒，我就同時進入突然驚覺與矢口否認階段了。當時我的恐懼是，光是考慮那種事，我都有可能吸引來最壞的情況。我一向是個只觀想正面的事情並以此吸引正能量的人，所以這個練習我完全不能理解。不過，既然她向我下了戰帖，我剛好也熱愛挑戰。

　　無論如何，我決定放手一試，同時我也將這封信與你分享，因為我當真沒料到，它竟然能帶給我如此大的幫助。

親愛的蜜雪兒：

　　恭喜妳！妳寫了第一本書，那本書就在妳手邊，這真的是超大的成就。我的意思是，不是每個人都能拿到出版商的合約，也不是任何人寫第一本書都能領一筆預付款！艾琳・妮雅瑪塔（Erin Niumata）、喬許・希普，謝謝你們讓本書成真。還有，獨立出版商書源（Sourcebooks）是全球最大由女性經營的出版商耶！此生還能有什麼要求？

　　最棒的部分是：妳很享受這個獨一無二的過程！整整九個月，妳每天就是帶著滿滿的人生使命感醒來，滿心雀躍地寫個不停。還記得過去那段生活中什麼雞毛蒜皮的小事都可以讓妳心神不寧、坐立不安嗎？妳卻在寫作過程中找到無窮喜悅，以至於妳在完稿那天完全興奮不起來。

　　請別忘了妳對自己嘔心瀝血完成的每一頁與每一章感到多驕傲。妳一路走來不斷讓自己感到驚豔，這一點遠比任何人的意見都重要。

　　妳不僅享受撰寫這本書，還熱愛自己設計的架構。妳真心在乎要讓本書顯得有深度、專業感，因此把老公亞當・史諄瓦瑟、心理治療師丹妮拉・席切爾（Daniela Sichel）、同為心理治療師的摯友史黛芬妮・艾森菲德（Stephanie Essenfeld），還有幫忙在書中搞笑與修訂文法的表兄弟凱文・蒙特洛（Kevin Montello）全都拖下水。更別提編輯葛瑞絲・梅娜莉萬菲德（Grace Menary-Winefield），不只全力支持妳，每一章也都會毒

舌一番。妳打著燈籠也找不到更好的共事夥伴，我敢打賭，妳會超想念兩人之間唇槍舌戰、你來我往的日子。妳能和書源的編輯團隊合作算是上輩子修來的福氣，像是梅格・吉本絲（Meg Gibbons）確保這本書將是妳這輩子夢寐以求的作品；吉莉安・蘭恩（Jillian Rahn）、布特妮・薇伯特（Brittany Vibbert）與凱莉・蘿樂（Kelly Lawler）則是一路挺妳到底的設計團隊，最後還要感謝幫忙梅格與葛瑞絲的產品編輯凱西・顧蔓（Cassie Gutman）。＃女力萬歲！

最後，妳應該對 @HelloFears 社群滿懷感謝、所有自願抽出時間真心誠意傳來反饋的讀者們，還有諸多設計師們不吝為妳貢獻美麗的封面設計點子，好讓妳隨意挑選。

別忘了，妳和老媽碧翠絲・波勒伯恩斯坦（Beatriz Poler-Bernstein）在這段期間變得更親密，請記住她在談論失敗與改寫自己故事那一章提出了一大堆絕妙點子。當時妳飛去巴拿馬探望她，她對妳敞開心胸，承認自己在妳的成長過程中埋下恐懼種子。她一邊流淚一邊告訴妳，現在她感到無比驕傲。那一刻極度脆弱卻也極度強大，妳畢生難忘。

還有，別忘了在整個過程中亞當有多麼深愛妳。還記得他看著妳幾個月來筆耕不輟，不厭其煩地告訴妳千百次他有多麼引以為傲嗎？他深深讚賞妳的承諾、堅韌和幹勁，總是一再地說：「我絕對寫不出什麼像樣的書！」但你知道，其實他絕對寫得出來。

以上這些讓寫完這本書不只超級值回票價，更會是我此生最難忘懷的人生經歷。

　　就算它真的搞砸了，只賣出少少的幾本，或是擠不進亞馬遜書店的百大排行榜，或是完全無助妳壯大線上社群，或甚至是妳無法吸引布芮尼‧布朗、瑞秋‧霍利斯或是歐普拉這幾位妳心愛的名人幫妳打書，那也沒關係。她們也不是靠第一本書就走到今天的位置。

　　還有呢！妳才三十一歲！妳眼前還有大半輩子可以任由妳把畢生所學全都派上用場。

　　誰也擋不住妳。

　　我有十足的把握，這只是妳即將發光發熱的人生開端。所以，繼續用力地熱血下去。最重要的是，確保自己無論做什麼都開心！

　　　　　　　　　　　　　　　　　　　　　　　愛妳的蜜雪兒

要是最壞的情況發生，
最好的情況會怎樣呢？

特別感謝

　　下方所列人士奉獻他們的時間和技能，協助我改善本書，有些甚至不吝提供我絕美的封面設計概念。我帶著超級感恩的心，以及無比崇敬的愛意，恐懼，你好[10] 大家族。

　　本書謹獻各位：

卡拉・艾琪蕾
（Karla Aguirre）
索菲雅・艾圖納
（Sofia Altuna）
安卓娜・艾坦琪歐
（Andreina Atencio）
艾莉安娜・巴魯斯
（Eliana Barousse）
約翰・畢迪
（John Beede）
艾瑞雅娜・貝拉克
（Adriana Berac）
芙洛兒・貝納西
（Flor Benassi）
珍妮佛・布蘭珂
（Jenifer Blanco）
克莉賽兒・波赫斯
（Crisel Borges）

凡妮莎・貝爾瓦斯
（Vanessa Buelvas）
艾蘭德拉・波頓
（Elandra Burton）
凡妮莎・卡貝蘿
（Vanessa Cabello）
蒂蒂娜・德・卡門
（Tittina Del Carmen）
蘿拉・卡絲黛拉諾
（Laura Castellano）
肯妮雅・查維斯
（Kenia Chávez）
安琪拉・克絲比
（Angela Crosby）
蓋比・拉・克魯絲
（Gaby La Cruz）
潔西卡・扎曼斯基
（Jessica Czamanski）

---

10 特別感謝暢銷書作家尼爾・艾歐（Nir Eyal）提出絕妙點子，要我把最寶貝的社群放進來。老兄，我真的被你打中了！

潔爾‧黛卡蕾特
（Joelle Daccarett）

娜塔莎‧費南德絲
（Natascha Fernandez）

蘿拉‧多菲妮
（Laura Doffiny）

蜜雪兒‧法拉珂
（Michelle Faraco）

傅辛蒂
（Cindy Foo）

費南妲‧富奇諾
（Fernanda Fuschino）

艾琳‧艾賽雅
（Ailyn Esayag）

琳耐雅‧費喬森
（Linnea Fritjofsson）

艾琳‧嘉娜
（Aileen Gartner）

安娜‧奎拉
（Ana Guerra）

瑟西莉雅‧哈恩
（Cecilia Hahn）

克莉絲蒂娜‧哈馬娜－瑪薩
（Cristina Hamana-Maza）

艾瑪‧亨莉琪
（Emma Heinrich）

瑪麗亞‧艾蕾蒂雅
（María Heredia）

卡列琳娜（卡蕾）赫南德斯
（Karerina〔Kare〕Hernandesz）

泰拉‧西諾荷薩
（Tere Hinojosa）

琳賽‧雨果
（Linsey Hugo）

馬蒂琳‧瓊斯
（Matilyn Jones）

蘿拉‧豪爾赫
（Laura Jorge）

莫琳‧考夫曼
（Mauren Kaufmann）

安娜‧拉娜
（Ana Lara）

艾瑞雅娜‧林登菲德
（Adriana Lindenfeld）

卡羅琳納‧瑪姬
（Carolina Maggi）

歐莉‧瑪古莉絲
（Orly Margulis）

伊麗莎白‧馬汀妮絲
（Elizabeth Martinez）

伊娃‧馬汀妮絲
（Iwa Martinez）

艾瑪蘭塔‧馬汀妮絲
（Amaranta Martinez）

耶絲卡‧馬奎斯
（Yessica Márquez）

伊芙琳‧梅絲奎塔
（Evelyn Mezquita）

達雅娜‧莫瑞拉
（Daiana Moreira）

法妮安娜‧莫莉賽蒂
（Franiana Moricete）

法蘭絲‧莫莉賽蒂
（Franz Moricete）

璜妮爾‧穆紐絲
（Juanil Muñoz）

艾蜜莉‧諾加德
（Emily Norgaard）

瑪麗雅娜‧歐莉瓦雷絲
（Mariana Olivares）
艾瑞雅娜‧歐娃爾
（Adriana Ovalle）
法賓安娜‧帕拉
（Fabiana Parra）
安卓雅‧帕拉
（Andrea Parra）
莉雅內特‧佩雷絲
（Lianett Perez）
艾莉卡‧德‧波佐
（Erika Del Pozo）
瑪麗莎‧琪羅茲
（Marisa Quiroz）
瑪莎‧瑞絲蘭
（Martha Riessland）
安娜‧林康
（Ana Rincon）
凡妮莎‧羅梅洛
（Vanesa Romero）
丹妮拉‧朗登
（Daniella Rondon）
娜塔莉‧羅莉奎絲
（Nathalie Rodrigues）
潔西卡‧羅莉奎絲
（Jessica Rodriguez）
寶拉‧蘿莎萊絲
（Paola Rosales）
艾瑞雅娜‧盧西安
（Adriana Russián）
蘿琪歐‧莎莉娜絲
（Rocío Salinas）

羅珊娜‧莎緬托
（Roxanna Sarmiento）
艾莉亨卓娃‧沙茨基
（Alejandra Schatzky）
蕾絲莉‧西蒙
（Lesly Simon）
伊麗莎白‧絲莉馬克
（Elizabeth Slimak）
莉‧史密斯
（Ly Smith）
卡羅琳納‧史東
（Carolina Stone）
梅爾娃‧薩蕾絲
（Melva Suarez）
珍妮佛‧陶瑞爾
（Jennifer Taurel）
莉絲貝‧特倫蒂諾
（Lisbeth Tolentino）
安卓雅‧卓迪妮克
（Andrea Tredinick）
蘇‧薇瑪醫師
（Sue Varma, MD）
維亞妮‧薇拉絲奎絲
（Vianny Velásquez）
蓋瑞‧韋爾
（Gary Ware）
瑪格麗特‧佐莉拉
（Margaret Zorrilla）
艾胥莉‧崔伊
（Ashley Chui）
安東妮雅‧菲奎蕾多
（Antonia Figueiredo）

關於作者

蜜雪兒 · 波勒　Michelle Poler

　　出生並成長於委內瑞拉首都卡拉卡斯，是個充滿創意、極具熱忱、直球對決恐懼的人，也是專題主講人、社會企業家與品牌策略師。

　　蜜雪兒從小就在擔心受怕的環境中長大，但當她搬去紐約進入視覺藝術學院攻讀品牌打造碩士學位時很快就明白，大蘋果這座城市不是膽小鬼該來的地方。為了改變自己的生活方式，她下定決心要在 100 天內直球對決 100 種恐懼，並將所有親身經歷上傳至 YouTube，結果這個計畫旋即在網路上爆紅。

　　蜜雪兒直球對決恐懼的計畫引領她站上 TEDx 講臺，而這也進一步開啟了她的演講生涯。從那之後，她陸續接到 Google、Facebook、領英、網飛、微軟、寶僑家品、豐田汽車、可口可樂、百勝餐飲集團、富國銀行等各大知名企業的演講邀約，也激勵了全球數十萬名在校與領導培訓機構的學生。

　　蜜雪兒和她的丈夫亞當每年大約旅行 120 趟，就在他們扮演空中飛人穿梭各地活動期間，還一邊錄製西班牙語 Podcast 節目《飛機上的聲音》。

　　除了發想播客節目內容，蜜雪兒也透過 Instagram 帳號 @hellofears 帶給人們勇氣，讓成千上萬人跨出舒適圈，全心發展自己的無限可能性。

高寶書版集團
gobooks.com.tw

新視野 New Window 226

恐懼，你好！

百日無懼計畫，從膽小鬼到勇敢做自己，開啟人生無限可能

Hello, Fears: Crush Your Comfort Zone And Become Who You′re Meant To Be

作　　者	蜜雪兒・波勒（Michelle Poler）
譯　　者	周玉文
責任編輯	林子鈺
封面設計	鄭婷之
內頁排版	賴姵均
企　　劃	方慧娟

發 行 人	朱凱蕾
出　　版	英屬維京群島商高寶國際有限公司台灣分公司
	Global Group Holdings, Ltd.
地　　址	台北市內湖區洲子街 88 號 3 樓
網　　址	gobooks.com.tw
電　　話	(02) 27992788
電　　郵	readers@gobooks.com.tw（讀者服務部）
傳　　真	出版部　(02) 27990909　行銷部 (02) 27993088
郵政劃撥	19394552
戶　　名	英屬維京群島商高寶國際有限公司台灣分公司
發　　行	英屬維京群島商高寶國際有限公司台灣分公司
初版日期	2021 年 7 月

HELLO, FEARS: CRUSH YOUR COMFORT ZONE AND
BECOME WHO YOU'RE MEANT TO BE by MICHELLE POLER
Copyright © 2020 by MICHELLE POLER
This edition arranged with SOURCEBOOKS, LLC
through BIG APPLE AGENCY, INC., LABUAN, MALAYSIA.
Traditional Chinese edition copyright:
2021 Global Group Holdings, Ltd.
All rights reserved.

國家圖書館出版品預行編目（CIP）資料

恐懼，你好！：百日無懼計畫，從膽小鬼到勇敢做自己，開
啟人生無限可能 / 蜜雪兒 . 波勒 (Michelle Poler) 著；周
玉文譯 . -- 初版 . -- 臺北市：英屬維京群島商高寶國際有限
公司臺灣分公司 , 2021.07

　　面；　公分 . -- (新視野 226)

譯自：Hello, fears : crush your comfort zone and
become who you're meant to be

ISBN 978-986-506-164-7（平裝）

1. 勇氣　2. 自我實現　3. 成功法

177.2　　　　　　　　　　　　　　　　110009253